어린이 철학교육

유아의 배려적 사고 교육

이춘희 지음

창지사

머리말

배려란 상대방에게 관심을 갖고, 상대방을 이해하며, 서로에게 도움이 되도록 노력하는 마음이자 행동이다. 영아가 잘 성장하기 위해서는 부모의 세심한 양육이 요구되고, 환자는 의사의 보살핌을 필요로 하며, 노약자는 젊은이로부터 존중되고 보호되어야 한다. 이와 같이 인간은 삶의 모든 영역에서 다른 사람의 배려를 필요로 한다. 뿐만 아니라 인간은 다른 사람에게 배려를 하여야 한다.

남에게 배려를 한다는 것은 타인에게 도움을 줌과 동시에 궁극적으로 자신에게 행복을 가져다주기 때문이다. 예를 들면, 부모는 자녀에게 자신의 것을 희생하고 보살피면서 자녀가 성장해 가는 것을 보면 그 자체만으로도 행복을 느끼지 않는가. 교사는 유아들을 돌보고 가르치면서, 봉사자는 남을 도와줌으로써 행복을 느낀다. 또한 배려는 인간과 상호 의존하며 사는 동물과 식물, 자연환경, 인간이 만든 세상을 잘 관리하고 보존하는 데도 필요하다. 이렇듯 보살피는 마음과 태도를 형성하기 위해서는 성격과 습관의 기초가 형성되는 유아기 때부터 배려적 사고에 대한 교육이 요구된다.

립맨(Lipman)의 '어린이를 위한 철학(Philosophy for Children: P4C)' 프로그램은 철학적 탐구공동체 방법을 통하여 비판적 사고, 창의적 사고, 배려적 사고를 통합적으로 키워 지혜를 길러주고자 하는 어린이 사고 교육 프로그램이다.

이제까지 어린이를 위한 철학 프로그램이 여러 나라에서 실시되어 그 효과가 입증되고 있으나 우리나라 유아교육 현장에서의 시도는 이제 시작 단계라고 할 수 있다. 더욱이 배려적 사고에 관한 현장 적용 연구는 국내외적으로 처음 시도된 것이다. 처음엔 '과연 유아들이 배려적 사고가 가능할까?'라는 의문도 가졌었다. 하지만 여러 해에 걸쳐 유치원 교실에서 유아들과 직접 토론활동을 하면서 유아들의 질문과 생각이 변화되는 모습을 보면서 희열과 자신감을 가지고 연구할 수 있었다. 유아들은 기대 이상으로 놀라움 그 자체였다.

이번에 출간하게 되는 『유아의 배려적 사고 교육』은 유아교육 현장에서 유아를 대상으로 배려적 사고 교육의 가능성을 확인하고, 보다 의미 있는 배려적 사고 교육의 방법론을 제시하고자 하였다. 즉, 배려적 사고 교육의 방법론으로 제시한 철학적 탐구공동체 활동이 실제적으로 유아의 배려적 사고를 증진시키는지, 또한 유아의 배려적 사고는 철학적 탐구공동체 속에서 구체적으로 어떻게 나타나는지 배려적 사고의 제 측면을 소개하고자 하였다. 이를 통해 교사들은 유아의 배려적 사고를 증진시킬 수 있는 방법론을 익혀 유아교육 현장에 적용함으로써 유아들이 일찍부터 배려하는 사고 습관과 태도를 형성함과 동시에 비판적 · 창의적 사고를 통합적으로 기르는 데 조금이나마 도움이 되기를 기원하는 바이다.

이 책은 5부로 구성되어 있다. 1부와 2부는 유치원에서의 실제 활동의 기저가 되는 이론으로 정리되었으며 3부, 4부, 5부는 유치원 현장에서 활용 가능하도록 실제 활동으로 구성되었다.

1부에서는 유아의 배려적 사고 교육의 필요성을, 2부에서는 유아의 배려적 사고가 정리되었다. 3부에서는 유아의 배려적 사고 교육의 철학적 접근법을 다루고, 4부에서는 유아의 배려적 사고 교육의 실제가 소개되었다. 5부에서는 유아의 배려적 사고 교육의 평가 방법과 연구 결과가 정리되었다. 배려적 사고 평가 도구는 저자가 처음으로 제작한 것으로 후속 연구가 이어질 때에 부족한 부분들이 보완되어 보다 표준화된 평가 도구로 발전되리라 믿는다.

이 책이 출간되기까지 도움을 주신 분들이 적지 않다. 우선 어린이 철학에 열정을 가질 수 있도록 이끌어 주시고 지도해 주신 정대련 교수님께 깊이 감사드리고, 우남희 교수님, 박혜경 교수님, 이종희 교수님, 안명희 교수님께 감사드린다. 이현주, 박보연 선생님에게도 고마운 마음을 전한다. 끝으로 이 책을 흔쾌히 출간해 주신 창지사 관계자 여러분께도 감사를 드린다.

2009년 6월 인덕관 연구실에서

저자

차 례

제 3 부 유아의 배려적 사고 교육의 실제

제 4 부 유아의 배려적 사고 교육의 평가

KIDS

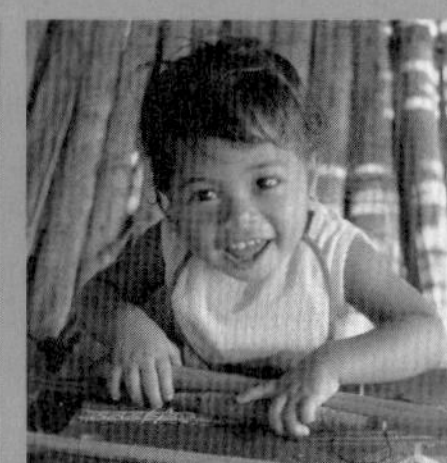

제 1 부

유아와 배려적 사고

제 1 장 유아의 배려적 사고 교육의 새로운 장

1. 배려적 사고 교육의 필요성

오늘날 급속한 사회 변화로 인하여 현대인은 가치관의 극심한 혼란 속에 빠져 있다. 나날이 일간신문에 상상하지 못할 사건이 오르내리고, 교육 현장에서는 학교 구성원들이 서로에 대한 배려 부족, 무관심, 이기주의, 학교폭력, 집단 따돌림, 생명 경시, 가치 전도 등 도덕적 해이로 인한 교육문제가 심각한 수준에 이르고 있다. 그런가 하면 어린이들은 MP3를 귀에 꽂고 자기만의 세계에 빠져 있거나 인터넷 게임과 휴대폰의 문자 메시지에 몰두하여 성격도 개인주의적 · 충동적 · 즉흥적인 성향으로 변화되고, 이에 따라 고립, 사회적 존폐 등 또 다른 문제가 초래되고 있다(정대련 · 이춘희, 2006). 그럼에도 불구하고 우리의 교육은 여전히 주입식 교육, 입시 위주, 지식 위주의 교육에 의존하는 상황이어서 어린이들은 스스로 사고하는 기회를 잃고 있다. 이런 가운데 학교 구성원들 간에는 '돌봄' 역할이 현저하게 약화되었으며(Sergiovanni, 1994), 인성 개발을 위한 교사의 교육관 실천은 기대하기 어려운 실정이다.

학교에서 일어나고 있는 위기적인 현상들이 학교공동체의 위기 또는 학급붕괴라는 말로 종종 표현되는가 하면, 유치원에도 점차 정규교육에 대한 불신이 쌓여가고 있다(이기숙, 2001). 많은 교육학자, 사회학자들은 이러한 세태를 우려하며 교육의 패러다임이 변해야 한다고 한 목소리를 내고 있다. 학교의 본질적 기능인 배움과 돌봄이 회복되기 위해서는 학교가 조직이 아니라 공동체로서 다시 태어나야 한다고 역설하고 있다(Bredekamp & Copple, 1997; Goldstein, 1997; Kohn, 1991; Noddings, 1984; Sergiovanni, 1994; Vincent, 2002; Williams, 2003). Martin(1992)은 사랑의 교육이라고 부를 수 있는 '학교가정'(schoolhome) 모델을 개발하여 '도덕적으로 가정과 대등한 학교'라는 개념을 옹호하며 도덕교육 공동체를 강조하기도 한다.

단적으로 말하면, 지금까지의 교육이 주입식의 지식교육에 초점을 두었다면, 앞으로 진정한 의미의 교육은 '잘 사는 삶'에 대한 반성 속에서 이루어져야 한다는 것이다(조용환, 1995). 자신의 삶을 주체적으로 영위할 수 있도록 스스로 배우고 사고하도록 해야 하며 상황에 적합한 사고를 할 수 있는 사고방법(how to think)을 가르쳐서, 윤리 · 도덕적인 사고를 갖춘 사려 깊은 인간을 길러내야 하는 것이다. 타인을 배려하고 인간관계 속에서 규범과 가치를 중시하는 교육이 필요하다는 말이다.

교육 패러다임을 개혁하고 윤리 · 도덕적인 사고를 갖춘 사려 깊은 인간을 길러내려는 교육계의 움직임 속에, 최근 학계는 배려적 사고(caring thinking)에 관심을 두고 있다. 배려적 사고란 타인에 대한 관심과 공감을 전제로 대상을 존중하고 적극적으로 돌보려는 성향을 지닌 사고로서 배려의 순간적인 감정 상태도 분별력과 지속성과 합리성을 갖도록 하는, 다시 말해 배려를 올바르게 실천할 수 있도록 이끌어주는 사고의 작용이다(Lipman, 1996, 2003). 배려적 사고는 관계성, 정서, 맥락성, 능동성의 강조 등 기본적인 개념에 있어서 C. Gilligan의 배려 윤리와 공통점을 지니고 있다.

Gilligan은 『다른 목소리로』(In a Different Voice, 1982)라는 저서를 통해서 이제까지의 도덕교육이 인지적 측면만을 강조하여 도덕적 감성을 지닌 인간을 기르지 못하고 있다고 주장하였다. 이제까지 자율성과 공정성을 강조하던 개인적 · 합리적인 도덕교육은 위에서 언급한 도덕적 문제를 극복하지 못했으며 동정, 사랑, 책임감 같은 도덕성의 정서적 측면을 길러 주는 데 미흡한 면이 있었다는 것이다. 배려의 윤리는 사랑, 관심, 공감, 기쁨, 죄의식 등과 같은 인간의 정의적인 측면을 중시한다. 인간의 자연적인 감정은 윤리적인 배려에서도 나타나야 한다. 도덕교육이 윤리적인 배려를 교육하는 것과 관련된다고 할 때, 그것은 자연적인 배려에서의 인간의 감정과 욕망을 이끌어 내는 데에서 출발한다. 배려하는 자는 특정한 상황에서 특정한 개인의 복지를 위해 판단을 하고, 마음을 쓰고, 관심을 가지면서 배려를 실천하는 것이다. 그런 점에서 배려의 행위는 사고, 판단, 감정이 모두 내포된 행위라고 할 수 있다.

배려적 사고는 비판적 · 창의적 사고와 함께 대표적인 상위차원 사고(higher-order-thinking)의 하나이다(Lipman, 1995a, 2003). 즉, 진리 추구 측면의 비판적 사고, 의미 추구 측면의 창의적 사고, 가치 추구 측면의 배려적 사고는 모두 사고 교육이 추구하는 이상으로서, 일상생활의 문제에 대하여 스스로 궁리하는 태도, 생각과 느낌을 창의적으로 표현하는 경험, 사람과 자연을 존중하고 더불어 생활하는 태도를 강조하는 7차 유치원 교육과정 및 초 · 중등 교육과정에서 제시된 21세기 교육목표와 일맥상통한다(교육과학기술부, 2008; Fielda, 1995; Robinson, 1995; UNESCO, 1996). 특히 최근에는 유아기부터 공동 사회의 일원으로서 갖추어야 할 다른 사람의 권리 존중과 다른 사람에 대한 배려를 생활화해야 하며, 일찍부터 배려적 사고방법을 가르쳐야 한다는 데에 교육계의 의견이 일치되고 있다. 좋은 삶이란 우리가 배려하는 것, 가치 있게 생각하는 것, 중요하다고 생각하는 것에서 비롯되기 때문이다(Sharp, 2004).

2. 배려적 사고 교육의 가능성

1974년에 M. Lipman과 A.M. Sharp는 '어린이 철학 증진 연구소(IAPC: Institute for the Advancement of Philosophy for Children)'를 설립하여 어린이를 위한 철학교육을 시작하였다. 어린이의 철학적 사고능력 증진을 목적으로 하는 IAPC 프로그램은 세계 40여 국에 확산되어 왔다. 배려적 사고능력도 철학적 사고의 중요한 국면으로서 1990년대부터 IAPC 철학적 탐구공동체 활동을 통해 초·중등 교육현장 및 유아교육 현장 등에서 그 적용 가능성을 확인하고 있다.

철학교육은 어린이들로 하여금 스스로 사고하는 능력을 습득하도록 도와주려는 목적을 가진다(Lipman, Sharp & Oscanyan, 1980). '스스로 사고하기'는 자율적이고 독립적인 사고를 말하는 것이지만, 나아가 점점 더 나은 기준을 마련하여 자신의 사고를 수정해 가는 '자기 수정적인(self-corrective) 사고'와 관련되어 있다. 자기 수정적인 사고는 혼자서 사고하기보다는 협동적인 탐구공동체 속에서의 대화와 토론을 통해 더 잘 이루어진다. '스스로 사고하기'는 혼자서 사고하는 것과 관련된 것이지만 다른 사람들과 함께 생각하는 연습의 결과로 나타나기도 한다.

이러한 동기에서 IAPC는 철학교육 방법론으로 탐구공동체 형성을 촉구한다(Lipman, 1984, 1985, 1991, 2003; Navarro, 1998; Nickerson, 1984; Schwab, 1981; Sharp, 1987, 1991, 2004, 2006, 2006 미간행a). 탐구공동체는 대화와 토론을 통해서 어린이가 타인의 다양한 관점과 다양한 개성을 만날 수 있게 해주며, 어린이로 하여금 대인 감수성을 바탕으로 타인에 대한 관심과 존중, 감정이입과 배려적 사고를 일으키도록 하는 동인이 되며, 건전한 사고를 이끄는 방향을 제시해 준다. 한마디로 말해서 철학적 탐구공동체 활동은 그동안 학교교육이 인지적 측면을 지나치게 강조함으로써 발생한 부정적 측면 등의 문제를 극복하기 위한 방안으로 시도된 방법인 것이다(Lipman, 2003; Sharp, 2006 미간행a).

어린이를 위한 IAPC에서는 문학작품을 교재로 활용한다. 교수법상의 전략만으로는 철학에서 다루고 있는 인간관계의 미묘한 뉘앙스를 전달하기 힘들기 때문에 교사는 전래동화 · 창작동화 · 우화 · 그림책 · 시 등 다양한 문학작품에 대한 철학적 접근을 꾀하고 있다(정대련, 2004; 정대련 · 이춘희, 2002; Chen, 1991; Fisher, 1999, 2000; Mattews, 1979~2007; McDonald, 2002; Murris, 1992; Paul & Willsen, 1995; Shea, 2004). 문학작품은 모든 사람이 공감하는 도덕성과 정서적 · 규범적 가치를 내포하고 있어서, 남을 존중하고 책임감 있는 시민으로서 갖추어야 할 배려적 사고 능력과 윤리적 감수성을 증진시킬 수 있는 훌륭한 교수 매체가 된다. IAPC에서는 유치원부터 12학년을 대상으로 각 연령 단계에 맞는 철학동화 또는 철학소설을 개발하여 프로그램에 활용하고 있다.

IAPC의 어린이를 위한 철학 프로그램의 효과는 유아교육 분야에서는 아니더라도 이미 많은 선행연구들에서 증명되어 왔다. 초등학교 어린이들에게 철학적 토론 수업을 적용한 결과, 논리적 사고력 향상(Cummings, 1979), 비판적 사고력 향상(Weinstein & Martin, 1982), 추론 능력 발달(Burnes, 1981; Cinquino, 1981; Higa, 1980; Iorio, Weinstein & Matin, 1984; Karras, 1980; Reed & Henderson, 1981), 창의적 사고력 향상(Shipman, 1982; Strohecker, 1985) 및 언어 능력 발달(Schleifer & Courtemanche, 1996; Yeazell, 1981), 과학적 추론 능력 발달(Auriac-Peyronnet & Daniel, 2002; Sprod, 1997) 등에서 긍정적인 효과를 보고하고 있다. 또한 어린이를 위한 철학 프로그램은 철학적 토론을 함으로써 어린이들이 교실에서 다른 사람을 존중하고 인종, 성별, 장애인에 대한 편견에서 벗어나는 인권존중 사고의 향상을 보여주었다(Schleifer & Poirier, 1996). 그런가 하면 철학적 탐구공동체 활동을 실시한 결과, 서로 존중하고 배려하며 주체적으로 사고하는, 민주시민으로서의 자질을 나타내는 공동체 사회가 형성되었다는 보고도 있다(Palsson, 1994).

한편, 유아를 위한 철학교육에 대해 회의적인 주장도 있다(Brookfield,

1987; McPeck, 1990; Passmore, 1972). 일상 경험이나 인지발달 이론에 근거하여 유아기는 아직 추상적 사고를 할 수 없는 단계이며, 성인교육 관점에서 볼 때 어린이들의 철학적 탐구능력에는 한계가 있다는 것이다.

그러나 철학적 접근이 유아들의 논리적 사고 능력을 신장시킴으로써 다중 분류능력에 효과(Saunders & Meyerson, 1980)가 있으며, 도덕적 자율성, 판단, 감정이입, 감정 인지검사에서 유의미한 변화를 촉진시켰다고 보고되고 있다(Schleifer, Daniel, Peyronnet & Lecomte, 2003). 국내 연구에서도 철학적 탐구공동체 활동이 유아의 사고력 증진(이민애, 1999), 유아의 비판적 사고(조선희 · 전명남, 1998), 창의적 사고(숲속나라유치원, 2000), 언어 및 의사소통 능력 증진(이정화, 2002)에 효과가 있음을 밝히는 다양한 연구가 이루어져 왔다(조선희 2000a; 조선희 · 유연옥, 1999; 허미애, 1999).

뿐만 아니라, 철학적 접근이 유아들의 배려적 사고를 포함한 사회성 발달에 효과가 있다는 보고도 있다. 즉, 철학적 탐구공동체 활동이 유아의 친사회적 행동을 증진(Jo & Yu, 1999)시키고, 조망수용 능력(최효순, 2005)과 기본습관 형성(신인숙 · 유연옥, 2003)에 효과가 있는 것으로 나타났다. 사회성은 가정과 사회에서 남과 더불어 서로 배려하며 사는 궁극적인 인간관계를 형성하는 기본적인 자질인데, 이러한 자질이 철학적 탐구공동체 활동에 의해 배양됨을 의미한다. 이러한 연구 결과로 볼 때 철학적 탐구공동체 활동은 배려적 사고를 배양하고 민주시민으로서 가져야 할 가치관과 규범을 형성하는 대안책이 될 수 있을 것이다(박진환, 2003, 2005; 이성미, 2005; 최효순, 2005; Schleifer, Daniel, Peyronnet & Lecomte, 2003).

한편, 배려와 관련된 연구에서 배려의 도덕성과 함께 성별차에 관한 연구들이 보고되고 있다(Ford & Lowery, 1986; Friedman, Robinson & Friedman, 1987; Gilligan & Attanucci, 1988; Johnston, 1988; Noddings, 1984; Walker, 1989). 최근 연구들은 배려지향적 도덕성 수준에 대해 남성보다 여성이 우세하다는 결과를 보고하고 있으나 연구가 매우 부족한 실정이다(이보라, 2007;

정옥분 · 곽경화, 2003; Skoe & Diessner, 1994; Sochting, Skoe, & Marcia, 1994). 유아의 배려적 사고에 관한 국내 연구 역시 거의 없다. 다만 아동문학 작품에 나타난 배려적 사고의 요소와 특성을 분석한 연구(박보연, 2006; 정연경, 2002)가 있을 뿐 유아가 탐구공동체를 형성하여 스스로 사고하고 직접 대화하며 토론을 통한 배려적 사고에 관한 실천적 연구는 국내에서 거의 이루어지지 않았다.

정대련, 이춘희(2006)는 철학적 탐구공동체 활동을 통한 유아의 배려적 사고의 가능성을 살펴보고자 만 4, 5세 유아 36명을 대상으로 연구한 바 있다. 주 2회씩 12주 동안 원형으로 둘러앉아 대화를 통하여 공동체를 형성하고 유아들에게 의미가 있는 철학적 개념들을 함께 탐색하고 추론한 결과, 철학적 탐구공동체 활동이 만 4, 5세 유아의 배려적 사고를 증진시키는 데 효과가 있는 것으로 나타났다.

현재 우리나라에서 유아를 대상으로 한 철학교육은 서울 소재 1개 대학교 부속 유치원과 진주 소재 1개 대학 연계 유치원을 중심으로 하여 이뤄지고 있다. 교육 현장 속에서 유아의 실제적인 배려적 사고에 관한 집중적인 연구는 국내뿐 아니라 외국 연구에서도 찾아보기 힘들다. 또한 이제까지 유아의 철학적 사고 중 비판적 · 창의적 사고 등을 주제로 한 연구에서는 주로 그림동화를 교재로 활용하고 그 결과를 보고하여 왔으나, 유아의 철학교육을 위하여 개발된 IAPC 철학동화를 교재로 사용한 연구는 없었다. 본 저서에서는 IAPC의 유아용 철학동화 「The Doll Hospital」을 교재로 하여 유아교육 현장에서 유아를 대상으로 배려적 사고의 교육 가능성을 확인하고 보다 의미 있는 배려적 사고 교육의 한 방법론으로서 철학적 탐구공동체 활동의 가치를 소개하고자 한다. 즉, 실제적으로 철학적 탐구공동체 활동이 유아의 배려적 사고를 증진시키는지, 또한 유아의 배려적 사고는 철학적 탐구공동체 속에서 구체적으로 어떻게 나타나는지 배려적 사고의 제 측면을 살펴보는 것은 매우 의미가 있다고 볼 수 있다.

제 2 장 유아의 배려적 사고

1. 배려

좋은 삶은 우리가 배려하는 것, 가치 있게 생각하는 것, 중요하게 생각하는 것에서 비롯된다. 배려는 생각, 이상, 사람, 사건, 사물 혹은 그것들이 우리 삶에 주는 중요성을 평가하는 데 쓰는 기준(criteria)의 원천이다. 그리고 이러한 기준들이 우리 일상생활의 판단들을 결정한다(Sharp, 2004).

1) 서양의 배려

(1) 배려의 정의

사전적 정의를 살펴보면 배려란 '관심을 가지고 생각해 줌', '염려해 줌', '마음을 써 줌' 등 기본적으로 타인과의 관계를 전제로 한다. 배려, 돌봄 혹은 보살핌의 문제는 고립된 존재로서의 인간에게는 성립될 수 없는 말이다. 넓은 의미에서의 배려는 인간뿐 아니라 사물 및 환경과의 상호작용을 일컬으며, 좁은 의미로는 스스로 돌볼 수 없는 사람들을 보살펴주는 실질적인 행동으로 이해된다(김수동, 2005).

배려(care)라는 말의 어원을 살펴보면, Heidegger(1998)는 Burdach의 논문을 인용하여 배려의 어원을 추적하는 가운데 배려라는 말이 이중적인 의미를 가지고 있음을 지적하였다. Burdach는 " '쿠라'(Cura)라는 용어는 '겁먹은 노력'을 뜻할 뿐 아니라 '조심', '헌신'도 포함한다."

라고 적은 바 있다. 그에 의하면, 배려와 염려는 인간의 실존적 삶과 불가분의 관계를 가진다. 우리들의 삶을 유지해 가는 의욕, 소망, 성향, 충동, 심지어는 양심까지도 염려에 근거하고 있다. 또한 Burdach의 관점에서 보면 배려는 본질적으로 타인에 대한 염려와 걱정을 수반할 뿐만 아니라 타인의 생명을 살리려는 적극적인 태도를 요구한다. 따라서 만일 내가 아무것도 배려하지 않는다면 나는 자아의 의미를 잃어버리는 것이고, 이는 세계와 다른 것과의 관계에서 나의 의미를 잃어버리는 것이다. Heidegger는 배려를 인간 존재의 기초적인 구성 현상으로 간주하였다. 배려가 사람을 사람다운 사람으로 구성한다는 점에서, 그는 배려를 인간 존재론의 카테고리로 보는 것이다.

Noddings(1992, 2001) 역시 배려가 궁극적인 삶의 실재라고 규정한다. 남자의 여자에 대한 안정적인 사랑, 자식을 기르는 데서 오는 보람, 화초들 그리고 애완동물과 함께하는 생활을 훌륭한 삶으로 간주하고 있다. 그녀는 어린이를 양육하는 일은 누가 담당하든 간에 가장 의미 깊은 일이라고 생각한다. 삶의 주된 목적은 욕구 충족에 의한 쾌락이 아니라 오히려 인간세계와 자연세계를 배려하는 것이다. 배려를 받고자 하는 욕망은 보편적인 인간의 특성이다. 대부분의 사람들은 고용된 낯선 사람이 아닌 자신을 사랑하는 사람들로부터 배려받기를 원한다.

Mayeroff(1971)는 배려를 '다른 사람이 성장할 수 있도록 도와주는 것'이라고 정의한다. 배려에는 아버지의 자식에 대한 배려, 교사의 학생에 대한 배려, 의사의 환자에 대한 배려, 남편의 아내에 대한 배려 등이 포함된다. 이는 걱정, 우려, 염려가 행동으로 옮겨질 때, 비로소 배려가 실현되었다고 할 수 있다. 배려의 실천적 측면을 강조한 Parker(1981)는 몸을 제대로 가눌 수 없는 사람에게 음식을 먹여주고, 목욕을 시켜주는 간호(nursing)와 같은 행위를 배려라 하였으며, Graham(1995)은 배려를 '사랑의 노동'(laber of love)으로 정의하였다.

Fisher와 Tronto(1990)는 배려에는 윤리적인 태도가 요구된다고 하며, 배려가 이루어지는 네 가지 과정을 제시하였다. 배려는 첫째, 염려하고 관심을 갖는(caring about) 과정이며, 둘째, 대비하고 책임을 지는(taking care of) 과정이며, 셋째, 배려를 실천하는(caregiving) 과정이며, 넷째, 배려를 받은 사람이 응답하는(care-receiving) 과정이다. 이와 같이 배려는 인간의 궁극적인 삶의 실재이자 인간의 존재성을 드러내는 것이며 상대방의 처지나 입장에서 걱정하고 염려하는 감정이입, 정서적 태도와 더불어 배려하는 데 필요한 적절한 지식, 이를 실천으로 옮기는 적극적인 행동도 포함된다.

(2) 배려윤리

배려에 대한 연구는 1980년대 이후 여성과 남성이 근본적으로 상이한 도덕 이론과 도덕적 언어를 사용하고 있다는 Gilligan의 주장에서 비롯되었다(Gilligan, 1982; Gilligan & Attanucci, 1988). Gilligan은 Kohlberg 등에 의해 정의된 기존의 도덕성 이론만으로는 여성의 도덕성을 제대로 평가할 수 없다는 문제의식을 가지고 배려윤리를 제시하였다. Gilligan은 배려, 보살핌, 관심, 애착, 인간관계, 상호의존성과 같은 여성적 특성을 중심으로 한 여성적인 도덕적 성향 또는 여성적인 도덕적 관점으로서의 도덕성으로 배려윤리를 제시하였다.

Gilligan은 여성 자신의 삶에서 사람들과 관계를 맺기 위한 선택이 보편적인 원리나 규율보다 더욱 중요하다는 것을 정당화하려 하였다(Prillaman et al., 1994). 그동안 무시되고 경시되어 왔던 여성적 특성인 배려의 도덕성에 대한 새로운 인식과 그 중요성을 강조함으로써 여성의 목소리를 부각시켰으며, 여성적 특성인 배려의 도덕성과 남성적 특성인 정의의 도덕성 간의 상호작용과 인간의 도덕성에 대한 포괄적인 이해를 도모하고자 한 점(Clement, 1996; Walker, 1989)에서 그 의미가 크다고 할 수 있다. 또한 도덕성을 변증법적인 것으로 보고 배려와 정의를 하나의 성에 국한시키지 않고 양성 모두가 지향해야 할 통합적인 차원에서 강조했다는 점에서 그 가치를 인정받고 있다(Gilligan, 1997).

Gilligan(1997)에 따르면 남성들은 법률과 권리에 중점을 둔 정의지향적 윤리를 채택하는 경향이 있다. 즉, 권리와 정의의 윤리는 자율성에 의해 특징지어지는 자아, 그리고 분리와 이해관계의 초연함에 의한 타인과의 관계에 의해 특징지어지는 공정함과 평등에 대한 추상적 원리의 도덕이다. 반면, 여성들은 상호 대인 관계와 그 상호 반응들에 중점을 둔 배려지향적 윤리를 채택하는 경향이 있다(Tong, 1993). 실제로 성별에 따른 도덕적 지향성의 차이를 연구한 Gilligan과 Attanucci(1988)에 따르면, 성인 남성과 여성 모두가 정의지향성과 배려지향성을 보여주었으나 남성은 정의지향성, 여성은 배려지향성을 더 선호하는 것으로 나타났다.

반면, Kohlberg의 이론을 근거로 한 Day(1997)의 연구에서는 성별에 따라 정의지향적 도덕성에 차이가 없는 것으로 나타났다. 이와 관련된 연구들(Ford & Lowery, 1986; Friedman, Robinson & Friedman, 1987; Walker, 1989)에서도 정의지향적 추론과 배려지향적 추론이 성별에 따라 유의한 차이가 없다고 한다. 한 예로, Ford와 Lowery(1986)는 도덕성에서 남녀별로 유의한 차이가 존재하지 않았다고 보고하였다. 그러나 여성은 배려지향성, 남성은 정의지향성을 보다 일관되게 나타내었으며, 여성적이지 않은 남성에 비하여 여성적인 남성이 보다 배려지향성을 선호하는 것으로 나타났다.

한편 Skoe와 Diessner(1994), Sochting, Skoe 그리고 Marcia(1994)는 배려지향적의 도덕성 수준에 대해 남성보다 여성이 우세하다는 결과를 제시하고 있다. Sochting, Skoe와 Diessner(1994)는 성별과 성역할 정체감을 배려지향적 도덕성과 친사회적 행동과의 관계를 통해 살펴보았다. 연구 결과, 성별에 따른 배려지향적 도덕성에는 차이가 없었으나, 성역할 정체감에 따른 배려지향적 도덕성에는 유의한 차이가 있었다. 즉, 남성적 정체감은 주로 자아 중심적인 단계에, 여성적 정체감은 자기희생적인 단계에, 양성적 정체감은 배려의 윤리 단계에 주로 머무는 것으로 나타났다. 최근 성인 남녀를 대상으로 한 국내 연구(곽경화 · 정옥분, 2003; 이나현, 1997)에 따르면, 남성보다 여성 쪽이 배려지향성을 더 많이 나타내었으며 고등학생을 대상으로 한 연구(곽경화 · 정옥분, 2003)에서도 성별에 따라 차이가 있는 것으로 나타났다. 즉, 남학생보다 여학생의 배려지향적 도덕성이 약간 높은 것으로 나타났다.

배려윤리란 특정한 개인들, 그리고 상호의존, 결합, 타인들에 대한 배려와 자기 이해에 대한 구체적인 책임감에 근거를 두고 있는 보다 상황적인 도덕성을 말한다. 다시 말해서 배려윤리에 있어서 도덕 문제는 맥락에 근거하고 상호 관련성을 고려하여 다루어진다(김정금, 1994; 이나현, 1997; Skoe & Gooden, 1993; Vreeke, 1991).

배려윤리의 또 다른 특징은 도덕성에 있어서 인지발달론자들이 주장한 인지의 중요성과 함께 정서의 역할을 중요시했다는 데에 있다(Mayeroff, 1971; Noddings, 1984; Pratt, Golding & Hunter, 1984). 즉, 배려의 도덕성에서는 감정이입, 동정심, 타인에 대한 배려, 사랑 등의 정의적인 측면을 중요한 요소로 본다(Gilligan, 1982). Blum(1980) 역시 동정심, 연민, 인간에 대한 관심, 우정과 같은 이타적 정서들이 도덕성의 필수적인 요소라고 주장한다.

제자 Noddings는 Gilligan의 배려윤리를 윤리학적 입장에서 체계화시켜, 배려란 특정한 사람과의 관계에서 비롯되기 때문에 배려윤리를 '관계의 윤리학'이라고 부르며 전념, 공감, 수용, 확신 같은 정서적인 방식으로 실천된다고 하였다. 전념이란 피배려자의 요구를 주의 깊게 듣고 그 사람이 수용하고 인정하는 방식으로 반응하는 것이며, 공감이란 단순히 함께 느끼는 것이 아니라 전념하여 이해하고 받아들이는 것이다. 수용이란 직접적으로 도와주는 것이며, 확신이란 피배려자 안에 있는 최상의 것을 확인하고 촉진시켜 주는 행동을 말한다(Noddings, 1992).

배려의 관계란 배려하는 사람과 배려를 받는 사람 간에 맺어진 관계를 의미한다(Noddings, 1984, 1992). 인간이 '관계'라는 근원적인 조건을 충족시키기 위해 행동하는 경향성은 자연적 성향이다. Noddings(1989)는 이러한 배려관계의 원형으로서 어머니와 자식 간의 배려의 관계를 들고 있다. 잠자던 어머니가 새벽에 갓난아이의 울음소리를 듣는다면, 자신의 아기를 돌보는 것이 마땅하다는 당위적 측면과 함께 당연히 그 어떤 윤리적 노력 이전에 자연스럽게 그 아기를 돌보는 것이 가능하다. 이와 같이 인간은 타인에 대한 자연적 배려의 성향을 추구함으로써 궁극적으로는 그 스스로가 윤리적 자아로 성장하여 윤리적 이상을 실현시킨다. 윤리적 이상(ethical ideal)이란 타인을 배려하는 사람이 스스로 '배려하는 자'로서 유지하고 강화하기 위해 노력하는 최고의 자아상 확립에 있다(Noddings, 1984).

윤리적 이상을 고양시키기 위해서는 일상적인 삶 속에서 배려를 실천하는 일이 수반되어야 한다. Noddings는 배려의 실천양식으로서 타인의 견해를 수용하는 관계성, 배려관계에서 나타나는 관심과 책임, 친밀한 인간관계, 타인의 필요에 민감하게 대응하는 정서의 인식 및 공감성, 맥락성, 능동성을 들었으며 그 특성은 다음과 같다.

첫째, 배려의 윤리는 인간과 인간의 관계, 인간과 자연의 관계를 포괄하고 있다. 관계는 배려의 가장 기본적인 형태이다. 우리는 양육에서 사회화에 이르기까지 다른 사람들에게 의존한다. 배려란 배려자와 피배려자가 서로 의지하는 것이다. 배려관계에 기초한 배려윤리는 인간이 관계 안에서 정의된다는 관계존재론에 그 기초를 두고 있으며, 배려자와 피배려자에게는 배려의 관계성이 행복의 근원이 된다.

둘째, 배려의 윤리는 상대방의 입장과 관심을 고려하고, 복지와 건강에 대해서 책임감을 느끼는 것이다. 배려는 타인의 요구나 필요에 응답하는 것이다. 이러한 배려에 있어 기본적으로 전제가 되는 것은 배려를 받는 자와 배려를 하는 자의 공감 또는 감정이입이라고 할 수 있다. 만일 내가 누군가를 좋아한다면 그가 생각하고, 느끼고, 원하는 모든 것들을 자신 속에 받아들여 적극적으로 수용하게 된다. Noddings(1984)는 이 같은 수용을 몰입(engrossment)이라는 말로 표현하였다. 몰입은 정서가 전제되어야 하며, 자신의 감정을 돌아보는 것은 정서의 인식을 의미한다.

셋째, 배려의 윤리는 관계와 상황 속의 구체적 독특함을 지향한다(Brell, 1989). 즉, 맥락적 상대주의의 입장을 보인다. 인간이 당면하는 도덕적 문제 사태는 구체적인 상황에서 발생하므로, 발생한 문제는 이러한 구체적인 상황, 즉 배려하는 자와 배려받는 자 사이의 인간관계를 고려한 맥락에서 해결되어야 한다. 도덕적 문제 사태는 특정한 인간관계에 의해 만들어지는 구체적인 상황의 맥락에 따라 달라지는 특성을 갖기 때문에 일반화되기 어렵다.

넷째, 배려윤리에 있어서 능동적이고 직접적인 행위로서의 실천은 진정한 배려를 위한 근원이 된다. 피배려자를 수용할 때 나타나는 정서적 몰입과 나 자신의 현실로부터 타인의 현실로 관심을 전이시키는 동기전환(motivational displacement)은 배려에 의한 직접적인 행위를 나타내는 요소이다.

Noddings(1992)는 배려윤리의 관점에서 배려교육은 모델링, 대화, 실천, 격려와 인정하기로 구성된다고 주장한다. 모델링은 교사가 학생들과 관계를 맺어 배려의 모범을 보이는 것으로, 교육적 효과가 크며 다른 모든 도덕교육에서도 중요하지만 배려교육에서는 특히 중요하다고 주장한다. 배려교육에는 열린 마음 자세로 상대를 이해하고 공감하고 인정하기 위한 참다운 대화(genuine dialogue)가 필요하다. 따라서 배려교육을 위해서 교사는 학생들과 참다운 대화를 할 필요가 있으며, 그 대화는 어떤 것에 대한 순수한 공동의 탐색 활동으로 그 대화의 주제가 삶의 질에 필요한 것일 때 학습자의 인간적 성숙에 큰 기여를 하게 된다. 배려교육에서는 학생에게 배려의 실천적 경험을 갖게 하는 것이 필요하다. 배려의 실천 경험은 바람직한 태도를 불러일으키거나 그에 기여할 수 있어야 하는 것으로 공동체를 위한 봉사활동이 적절하다. Noddings에 의하면 타인의 더 나은 자아를 찾아서 그것의 발달을 격려하고 인정하기 또한 배려교육의 중요한 요소이다. '타인 안에 있는 최상의 것을 찾아서 격려하고 인정해 주는 행동'이야말로 배려교육을 여타 도덕교육과 구분지어 준다고 주장한다. 이러한 배려교육은 바람직한 판단 능력과 도덕적 능력을 지닌 인간을 양성하기 위한 방법으로 제시되고 있다.

도덕적 능력을 지닌 인간을 양성하기 위한 방법을 모색해볼 때, 전통적인 도덕체계에서 여성들이 제외됐던 것처럼, 배려의 윤리에서 남성들이 제외되는 것은 아니다. 오히려 배려의 윤리를 남성들도 발달시켜야 하기 때문에 남녀 모두에게 필요한 것이라고 본다(Matin, 1985; Gilligan, 1997; Noddings, 1984). 남성도 타인을 보살펴 줄 수 있어야 하고, 배려하는 방법을 배워야 하는 것이다.

배려윤리의 특성은 여성과 남성에게 공통적으로 존재하는 성향으로서 특정한 성이나 영역과 무관하고, 정의와 배려라는 두 가지 윤리의 변증법적 통합을 이루며, 모든 사람의 내면에 공존한다. 이들 두 가지 도덕성의 특성들을 함께 발날시킴으로써 문제해결이나 도덕성의 발달에 있어서 훨씬 성숙된 모습(이미식, 2000; Goldstein, 1998; Morrison, 1985; Noddings, 1984)을 갖출 수 있게 될 것이다. 그랬을 때 기존의 도덕교육에서 제대로 대처하지 못했던 무관심, 이기주의, 소외, 인정의 상실, 이웃 간의 단절 등의 도덕적 문제를 해결할 수 있으며 도덕적으로 보다 성숙한 인간, 즉 감성과 지성이 하나로 통합된 조화로운 인간을 길러낼 수 있게 되는 것이다.

2) 동양의 배려

문화적 차이를 넘어 배려에 대한 인식과 논의에는 다름이 없다. 동양철학, 즉 유학에서의 배려의 개념은 '관계'의 윤리학으로서 중요한 부분을 차지하고 있다. 동양철학에서 볼 때, 인간은 궁극적으로 타인과의 관계, 전체와의 관계 '속'에서만 살아갈 수 있다. '배려'는 그런 인간의 삶 속에서 가장 의미 있는 관계의 윤리학을 요청하는 것이다(신창호, 2001).

(1) 유학에서의 배려

유학은 인간의 일상생활에 기반을 둔 실천 사상이다. 즉, 인간을 말하고 인간을 생각하고 인간을 이해하는 것이 유가 사상의 특징이다. 그러므로 유가에서는 생활 자체를 유지하기 위한 윤리와 예의를 매우 중시한다(송항룡, 1991). 때로는 남을 배려하는 형식이 지나쳐 '체면치레'라는 부정적 형식주의를 낳을 정도로 유가는 배려 의식에 투철하다.

유학적 배려 정신의 사례를 오륜(五倫)과 충서(忠恕)의 개념을 통하여 살펴볼 수 있다. 오륜은 부자유친(父子有親), 군신유의(君臣有義), 부부유별(夫婦有別), 장유유서(長幼有序), 붕우유신(朋友有信)을 말하는데, 『중용』(中庸)에 나타난다(윤무학, 2006). 임금과 신하, 부모와 자식, 남편과 아내, 형과 아우, 벗과 벗의 사귐에 있어 인간관계가 기본이자 윤리체계를 요구한다. 동양의 배려 정신은 바로 유학의 이러한 인간관계의 기본을 이해할 때 싹틀 수 있다. 오륜은 인간관계의 기본을 보여주는 전형이다.

첫째, 부자유친은 부모와 자식 간의 관계는 혈연으로서 가장 가까운 관계로, 부모는 자식들에게 사랑으로 도(道)의 모범이 됨을 의미한다. 즉, 부모가 자식에게 행위의 기준이 되는, 배려하는 정신이 기본적으로 내포되어 있다.

둘째, 군신유의는 임금과 신하는 다스리는 자와 다스림을 받는 자로서, 이는 윗사람과 아랫사람 사이에 이루어지는 배려의 윤리이다. 신하의 입장에서 임금에게 충성을 다하는 것은 중요한 덕목이다. 그러나 백성들로 하여금 공경하고 충성스럽게 하는 방법을 물었을 때, 공자는 백성들로 하여금 효도하고 사랑하게 하는 것이 백성을 충성토록 하는 것이라고 하였다. 임금과 신하의 관계뿐 아니라 사람의 모든 인간관계에 있어서 충은 필요한 것이다.

셋째, 부부유별은 남편과 아내는 한 가정을 이루는 중심이자 근본적으로 둘 사이는 평등한 관계이다. 이들 사이에는 역할과 기능의 차이가 있을 뿐, 차별이나 우위는 없다. 그들 사이에서의 배려는 바로 역할과 기능에 따른 상호이해이다. 그 역할과 기능이 제대로 지켜지지 않고 무너질 때 배려의 관계 또한 무너진다. 유학에서 부부관계는 상하복종의 관계로 잘못 이해되고 있기도 한데, 원래는 부부 사이라도 "서로 손님처럼 공경하게 대하라"고 가르친다.

넷째, 장유유서는 어른과 어린이 사이에 질서가 있어야 한다는 것인데, 이는 사회적으로 상호 관계를 보여준다. 즉, 어른은 어린이에게 관심을 갖고 배려하며 어린이는 어른을 공경으로 배려해야 한다는 것이다. 일방적인 배려가 아닌 상하관계에서 서로에 대한 윤리적 배려이다.

다섯째, 붕우유신은 친구와 친구 사이의 도리는 수평관계에 있는 인간 사이의 믿음과 약속에 대한 배려이다. 관계의 기본은 인간 사이의 믿음, 신용에 있다. 인의예지신(仁義禮智信)으로 상징되는 유가 윤리의 덕목화에서 믿음은 모든 윤리의 근간이다.

유학에서 말하는 배려의 또 다른 개념은 '충서'(忠恕)에 있다. '충서'가 곧 '인'의 윤리임은 다음의 글에서 잘 드러난다. 공자는 "무릇

어진 사람은 내가 서려고 하면 남도 세워주고 내가 도달하려고 하면 남도 도달시켜 준다. 가까운 데서 유추하는 것이 바로 인의 방법이다(夫人者 己欲立而立人 己欲達而達人 能近取譬 可謂仁之方也; 『논어』 옹야편)"라고 하였다. 그리고 자공(子貢)이 평생 행동의 준칙으로 삼을 만한 것을 묻자, 공자는 "아마도 서일 것이다. 내가 원하지 않는 것을 남에게 베풀지 말라(其恕乎 己所不欲 勿施於人; 『논어』 위령공편)" 고 하였다(조현규, 2006).

자기를 다하는 것(성실함)이 '충' 이요 그를 바탕으로 남을 미루어 헤아리는 것이 '서' 이다. 다시 말해서 '충서' 에서의 '충' 은 자신의 내면적 충실성을 뜻하고, '서' 는 다른 사람을 용서하는 마음을 뜻하니 곧 '인' 이란 인류애를 지향하는 박애정신이라 할 수 있다. 또한 '충' 은 천도(天道)로서의 진실한 마음이며, '서' 는 인도(人道)로서의 진실한 마음이므로 어떤 대상에 동화되는 '동정심(sympathy)' 이라고 할 수 있을 것 같다. 자신에 대한 관심, 자기 존재에 대한 용기, 나아가 자기 존재의 각성과 수양을 통해 남을 볼 줄 아는 눈, 거기에까지 미쳐 관계를 생각하는 것이 바로 충서 사상이다.

유학의 배려 의식은 공자가 추구했던 인(仁), 맹자가 추구한 의(義), 순자가 갈파한 예(禮)의 사유 속에서 체계화하여 그 전통을 면면히 이어 오고 있다. 특히 공자의 '인(仁)' 개념은 배려윤리의 '배려' 의 개념과 대체가 가능할 정도로 유교윤리와 배려윤리는 윤리적 이상, 일반적 원칙의 거부, 차별적 처신이라는 점에서 매우 유사하다고 주장하고 있다(목영해, 2002).

공자에게 있어 '인' 윤리의 도덕적 실천방안으로는 첫째, 사람을 사랑해야 하고(애인, 愛人) 둘째, 자기를 극복하여 예로 돌아가야 하며(극기복례, 克己復禮) 셋째, 부모에 효도하고 어른을 공경해야 하는 것이다(효제, 孝悌). 친자간(親子間), 형제간(兄弟間)에서의 애(愛)는 가장 최초에 발생하는 것이며 가장 순수한 것으로, 이 효제의 행위야말로 인도(人道)의 출발점이며 모든 도덕행위의 근본이 되는 것이다(조현규, 2007).

친자 간 윤리의 도덕적 실천의 한 예로, 『논어』 자로편에서 공자의 다음 진술은 상황이나 관계의 윤리적 특성을 잘 드러내고 있다. 양을 훔친 아버지를 고발한 아들에 대해 처신이 곧은 자라고 말하는 섭공에게, 아버지는 아들의 잘못을 덮어주고 아들은 아버지의 잘못을 덮어주는 것이 곧음이라고 공자는 말한다. 공자에게 있어서 윤리적으로 곧음(直), 즉 옳음은 '남의 물건을 훔쳐서는 안 되며, 남의 물건을 훔친 것을 본 사람은 그것을 고발해야 한다'는 고정된 규범 및 도덕률을 맹목적으로 준수하는 데 있지 않다. 추상적이고 형식적인 윤리규범의 적용에 앞서 도덕적 문제가 발생한 구체적 상황에 대한 고려가 우선적으로 이루어져야 한다는 것이다. 공자의 말씀에는 아버지와 아들이라는 특수한 인간관계를 우선적으로 고려하여 그 인간관계에 맞게 행동하는 것이 윤리 도덕적 행위가 된다는 뜻이 담겨져 있는 것이다.

(2) 불교에서의 배려

불교에서 배려의 문제는 자비심의 발로와 직결된다. 자는 사랑이요 비는 연민이다. 타인에 대한 사랑은 이기적인 탐욕을 벗어날 때에만 올바르게 실현될 수 있으며, 연민은 성냄을 극복할 때에만 발휘될 수 있다. 타인에의 배려, 관심은 사랑과 연민이라는 자비심의 표출이다.

특히 대승불교에서는 나 자신의 해탈을 넘어 나 아닌 다른 사람들이 나와 똑같이 해탈하여 나와 똑같이 열반의 행복을 누릴 수 있을 때까지 기다리며 그들을 도와주어야 한다는 정신을 갖는다. 남의 고통을 의식하고 함께 괴로워하는 마음 자세, 남들의 아픔과 기쁨에 대한 윤리적 자세가 바로 불교의 자비요 배려 정신이다. 이러한 자비의 배려는 모든 중생을 구제하겠다는 바람을 발하게 하는 보살행의 힘이 되게 한다.

이러한 불교적 배려는 바로 타인에 대한 사랑의 정신에서 실천된다. 즉, 불교의 대자대비(大慈大悲)의 정신은 불교적 배려의 원리이다. 이러한 불교의 자비 정신은 바로 타인에 대한 배려요, 타인에 대한 배려는 해탈로 가는 지름길이다.

앞에서 설명한 유학의 오륜은 인간 사회에서 실천적 덕목과 행위 규범을 제시해 주는 배려에 대해 효과적으로 인식하게 해준다. 그리고 도가의 무위 자연, 자애와 검소, 겸화의 미덕은 배려의 기본바탕을 제공해주며, 조화의 사고는 완전한 배려의 가능성을 제시한다. 또한 불교에서 자비의 윤리는 타인을 위해 자신을 내어주는 동시에 자기수련이라는 배려의 진정한 의미를 던져준다.

이상에서 살펴볼 때, 배려윤리는 상황 중심의 윤리, 관계 중심의 윤리, 차등적으로 발현하는 자연적 심성 중심의 윤리, 자연적 심성의 인위적인 확충이 필요한 윤리이며, 자연적 심성의 확충, 본보기, 실천이 도덕교육의 중요한 내용이 되기도 한다. 배려는 주는 것인 동시에 받는 것이다. 이것은 대화와 만남 속에서 보이지 않게 진행된다. 우리는 언제나 배려하기도 하면서 배려받는 존재이다. 교육은 바로 이것을 인식하도록 방향을 잡아주고 관심을 환기시키는 작업이어야 한다. 즉, 타인에 대한 관심을 좀 더 적극적으로 유발하도록 계기를 마련해 주어야 하는 것이다.

결론적으로, 서양철학의 배려나 동양철학의 배려 모두 타자와의 관계를 중요시하고 타자에 대한 배려가 종국엔 자신을 최상의 삶으로 이끄는 자체라고 볼 때 인간의 역사는 배려의 역사라고 말할 수 있다.

2. 배려적 사고

배려는 일종의 감정 상태이고, 배려적 사고는 그에 대한 사고의 작용이다(Lipman, 1996, 2003). 우리가 배려를 할 때 먼저 생각하는 것은 배려의 대상이 소중한지 어떤지를 결정하는 것이다. 결정은 우리들의 관심 혹은 그 가치에 대한 우리들의 신중한 분별에 달려 있다. 배려의 순간적인 감정 상태도 지속적이고 합리적인 성향을 갖도록 만들어 주는 인지적인 작용을 요구한다. 이렇게 배려에 분별력과 지속성과 합리성을 갖도록 하는 일종의 사고 작용이 배려적 사고이다. 다시 말해서, 배려적 사고는 배려를 올바르게 실천할 수 있도록 이끌어주는 사고의 작용이다.

배려적 사고(caring thinking)는 비판적 사고(critical thinking), 창의적 사고(creative thinking)와 함께 철학적 사고의 세 범주이다(Lipman, 2003). Lipman은 비판적 사고나 창의적 사고 못지않게 배려적 사고 역시 판단에 관련되는 중요한 사고의 측면이라고 말한다. 따라서 Lipman은 세 가지 사고의 비중이 균형을 이루는 교류적 차원을 통한 다차원적 사고(multidimensional thinking)를 강조한다.

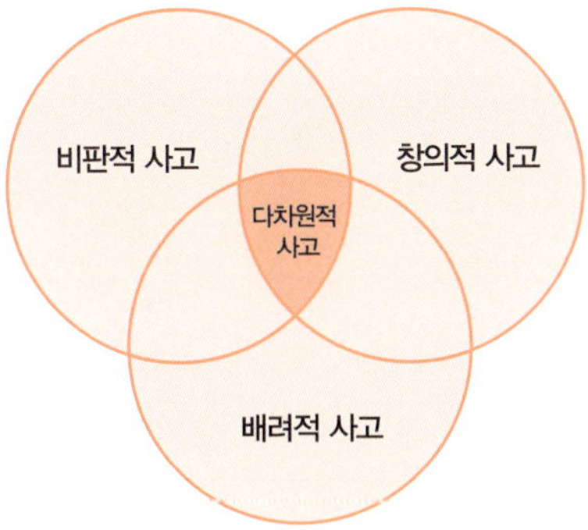

[그림 1] 사고의 교류적 차원

다차원적 사고란 인지와 정서 사이, 지각적인 것과 개념적인 것 사이, 신체적인 것과 정신적인 것 사이, 규칙 지배적인 것과 규칙에 지배받지 않는 것들 사이에 균형을 맞추는 것이다. 즉, 비판적 · 창의적 · 배려적 사고는 전적으로 평등한 것이며, 또 평등해야 한다는 것이다. 이 세 기준을 모두 만족시키지 않는 사고는 훌륭한 사고가 될 수 없다.

배려적 사고와 함께 비판적 사고와 창의적 사고가 포함되는 철학적 사고를 살펴보면 다음과 같다.

1) 철학적 사고

철학의 핵심은 '철학함(doing philosophy)'에 있으며, 특정한 결과로써 사상체계에 있는 것이 아니라 일련의 과정, 즉 사고의 방식에 있다(황경식, 2004). Kant는 지식의 체계로서의 '철학'을 가르칠 것이 아니라 '철학하는 것'을 가르쳐야 한다고 하면서, 철학(Philosophie)이란 명사로서의 가르침이 아니라 철학한다(철학함, Philosophieren)라는 동사로서의 가르침이 철학의 본질적 의미라고 보았다. 그렇다면 '철학하는 것', 즉 '철학함'(doing philosophy)은 무엇을 의미하는가? '철학함'으로서의 철학의 성격은 주어진 탐구 대상이나 탐구 주제에 대하여 '진지하게 사고하는 것'이라고 할 수 있다. '진지하게 사고하는 것'은 '깊이 생각하는 것'을 의미하며, '깊이 생각하는 것'은 '합리적인 사고의 방법'에 따라 의문을 가지게 되었을 때 그 의문에 대해 탐구하며 자신의 사고를 명료화할 수 있는 데까지 사고하는 것을 의미한다. 따라서 철학의 핵심은 사고의 결과로서 확립된 사상 체계에 있는 것이 아니라 생각하는 과정, 즉 사고방식 그 자체에 있는 것이다. 결과로서 나타난 철학체계는 복잡하고 난해하고 골치 아픈 것이지만 과정으로서의 철학적 사고는 누구나 손쉽게 할 수도 있고 즐길 수도 있다. 글자를 터득하기 시작하는 유아로부터 머리가 하얀 어른에 이르기까지 철학은 우리 모두의 것이다.

앞에서 말한 철학적 사고의 세 범주인 배려적 사고, 비판적 사고, 창의적 사고는 상위차원의 사고로서 '사고에 대한 사고' 능력이 요구된다(Blakey & Spence, 1990). 사고란 단순한 기억이나 회상과 같은 낮은 수준의 정신 능력을 의미하는 것이 아니라 상황의 전후 맥락 안에서 이해되어야만 하는 다차원적 특징을 지닌 것이다(Lipman, 1995a). 이는 사고를 단순한 기능으로서뿐만 아니라 하나의 성향으로 인식하는 것이며, 인지적 측면과 함께 정의적 · 행동적 측면까지 고려한다는 것이다.

지금까지의 교육은 사고하는 과정이 모든 인간에게 가능한 것이라는 전제하에 상위차원의 사고에 의한 결과의 생산에 목적을 두어 왔다(Kerka, 1992; Resnick, 1987). 일반적으로 상위차원의 사고는 비판적 사고와 창의적 사고의 결합이라고 이해되어 왔으나 최근에는 인지이론가를 비롯한 교육학자들에 의해 가치 또는 정서의 영역과 관련된 사고의 중요성이 점차 부각되고 있으며, 이는 상위차원의 사고의 한 측면으로서 배려적 사고와 관련된다(Lipman, 1995a, 1995b, 2003; Sharp, 2004, 2006 미간행b; Thayer-Bacon, 1993, 2002). 즉, 철학적 사고는 가치중립적 사고가 아니라 가치지향적인 사고가 되어야 하며, 사고 교육이 단순한 사고의 기능을 함양하는 것이 아니라 그 안에 사회적 · 윤리적 · 미학적 내용을 포함하는 것이어야 한다.

철학적 사고의 내용과 특징을 살펴보면 다음과 같다.

(1) 비판적 사고(Critical Thinking)

일상생활에서 성인들의 신념이나 주장이 어린이들에게 강요될 수 있다. 그렇게 되면 유아들은 스스로 생각하여 판단하기보다는 권위주의와 순종주의에 가치를 두고 성인들의 사고에 의존하게 되며 점점 사고하지 않을 것이다. 다시 말해서 유아들은 무비판적이 될 것이다. 그런 반면에 유아가 개방적이고 비판적이라면 그들의 사고는 권위주의와 순종주의에 가치를 두지 않고 유연하게 사고할 것이다.

비판적 사고란 제시된 신념과 주장, 행위의 이유를 표준이나 기준에 의해 검토하고 깊이 생각하여 이를 적절히 평가하는 것이다. 비판적 사고에 대해 중요하게 고려할 점은 사고의 적합성이다. 아리스토텔레스는 『니코마코스 윤리학(Nichomachean Ethics)』에서 정의와 공정의 차이를 논하면서 이 점을 지적하였다. 어떤 상황은 보편적이어서 원리들이 정확하게 적용되지만 어떤 상황은 특수해서 우리의 지식이 대략적으로 혹은 단지 어림으로 적용된다. '더 나은 사고'를 주장하는 사람들은 '더 나은 사고'란 맥락의 특수성에 대해 강한 민감성을 가진 것이라고 한다. 아리스토텔레스주의자들은 정의와 공정 간의 상호 균형이 필요하다고 강조하는데, 이것은 합리성이 판단에 의해 조정되어야 한다는 것을 의미한다. 판단에 의한 조정은 적합성에 대한 감각에 의해 이루어진다. 즉, 전체에 대한 부분, 목적에 대한 수단, 혹은 다양한 관계들 사이의 비율적 조절감각을 가지고 판단하는 것이다.

Lipman(2003)에 따르면 비판적 사고의 특징은 다음과 같다.

비판적 사고는 판단을 이끌어내는 사고이다.

Lipman은 비판적 사고가 사람들이 문제를 해결하고, 의사결정을 내리고, 새로운 개념을 습득하기 위해 사용하는 정신적 과정이나 전략, 표현방식(Sternberg, 1985), 합당하고 반성적인 사고(Ennis, 1987) 등으로 정의를 내리는 것만으로는 너무나 제한적이라고 주장한다. 예를 들어, 몸이 아플 때 전화번호부에서 무작위로 이름을 골라 어떤 의사에게 가야 할지를 결정하는 것도 비판적 사고로 간주될 위험이 있다. 따라서 비판적 사고는 문제해결이나 의사결정 또는 새로운 개념 습득에 관한 것이 아니라 모든 탐구의 결과가 판단이며 좋은 판단(good judgement)에 초점을 두어야 한다고 말한다. 지혜의 관점에서 볼 때, 일반적으로 현명한 사람들은 좋은 판단을 내린다. 지식과 경험이 단순히 소유가 아니라 실제에 적용하기 위한 것이라면 그것은 판단을 보여주는 예이다. 훌륭한 전문가들은 관련지식에 대해서뿐만 아니라 자신이 해야 할 일에 대해서도 훌륭한 판단을 내린다. 판단이라는 것은 생각, 말, 행동 혹은 모든 것에 대한 결정이다. 이 결정이 적절한 도구와 절차에 의해 안내되어 능숙하게 이루어진 행위의 산물이라면 그것들 모두 좋은 판단이다.

비판적 사고는 응용적 사고이다. 단순히 절차만이 아니라 하나의 결과물을 생산해내려고 한다. 책, 음악, 영화에 대한 비평 역시 생산물에 대한 또 다른 생산물, 판단에 대한 판단이듯이 모든 비판적 사고는 내용에 대한 사고라기보다는 사고에 대한 사고이다.

▯▯▯▯ 비판적 사고는 준거(criteria)에 의한 사고이다.

준거란 '판단을 할 때 사용되는 규칙이나 원칙'을 의미하며, 이유의 한 종류이다. 특히 준거는 믿을 만한 이유이다. 준거란, 구체적인 예를 들면 표준, 법, 조례, 규정, 헌장, 법령, 지침, 지시, 교훈, 필요조건, 명세서, 표준치수, 약정, 경계, 한계, 조건, 변수, 관례, 규범, 규칙성, 제일성, 일반적인 것, 원리, 가정, 전제조건, 정의, 이상, 목적, 목표, 지향점, 추구대상, 직관, 통찰력, 검사, 신임장, 사실적 증거, 실험적 발견, 관찰, 방법, 절차, 정책, 수단 등으로서 판단을 할 때 활용될 수 있는 도구들이다. 어떤 준거가 좀 더 적절한 준거인지를 판단할 때도 준거가 필요하다. 준거를 판단하기 위한 준거로서 신뢰성, 적절성, 강력함이 메타 준거의 예로, 이들을 일관성, 정합성, 정확성이라고도 부른다.

한편, 인식론이나 윤리학, 미학과 같은 철학의 영역들은 그 구분의 준거를 따로 제시하지 않는다. 오히려 그 반대이다. 준거들이 각각의 영역들을 정의하는 것이다. 인식론은 참과 거짓에 관련된 판단이며, 윤리학은 옳음과 그름에 관련된 판단이며, 미학은 미와 추에 관련된 판단이다. 참, 옳음, 그름, 정당성, 좋음, 아름다움, 이 모든 것들은 메가 준거라고 할 수 있는 아주 거대한 범위의 규제적 이상이다. 또한 이들은 의미에 대한 아주 거대한 준거의 예이기도 하다. 이외에 준거가 갖고 있는 가장 기본적인 역할은 비교 근거로서의 역할이며, 표준은 준거의 아주 특수한 예로 이상적인 표준, 완전한 표준 외에 실행의 최저수준으로서의 표준도 있고 관습적 표준도 있다. 권위적으로 정의된

측정의 단위도 표준이다. Lipman의 범주는 Swartz와 Perkins(1990)에 의하면 준거 혹은 표준이며, Splitter(1995)는 규칙(rules)이라는 용어로 사용하고 있다.

비판적 사고는 준거를 적용하는 동시에 준거에 의해 평가되기 때문에 믿을 만한 사고이다.

비판적 사고는 자기 수정적(self-corrective) 사고이다.

자기 수정이란 자신의 사고에 대해 사고하는 것과 관계된다. 우리의 생각은 대부분 무비판적으로 흐른다. 가끔 우리는 자신의 사고에 대해서도 반성해 볼 때가 있지만 여전히 무비판적이다. Lipman(2003)은 Peirce의 말을 인용하여 탐구는 약점을 발견해 내고 절차상의 잘못을 수정하는 데 그 목적이 있으며, 교실을 탐구공동체로 전환하여 얻는 이점 중에서 가장 큰 것은 구성원들 간에 서로 수정을 해주고 자신도 스스로 수정할 수 있게 된다는 점이다. 그러므로 탐구는 자기 수정이다.

비판적 사고는 맥락에 민감한 사고이다.

맥락에 대한 민감성(sensitive to context)은 판단을 할 때 일반적인 맥락뿐만 아니라 다음과 같은 여러 가지 맥락들을 고려하여 사고하는 것을 의미한다. 즉, 특수성과 독특성에 민감한 사고이다. 예외적이거나 불규칙적인 환경, 구체적인 한계나 제약, 전체적인 맥락, 증거가 적절치 않을 가능성, 한 맥락에서 다른 맥락으로 의미가 번역되지 않는 가능성 등을 고려하는 것이다.

이상 Lipman의 관점을 요약하면, 비판적 사고의 핵심은 유아가 맥락에 민감하고 준거에 의한 자기 수정을 하여 좋은 판단을 하도록 하는 것이다.

Richard Poul(2006)은 비판적 사고를 사고 분석하기, 사고 평가하기,

사고 개선하기의 세 가지 측면으로 나누어 지적하고 있다. 따라서 비판적 사고란 향상이나 개선의 목표를 가지고 사고에 대해 체계적으로 검토하는 사고이다. 우리의 생각을 개선하기 위해서는 생각에 대한 평가가 필요하고, 생각을 평가하기 위해서는 먼저 생각을 정확히 이해하는 일이 필요하다. 따라서 사고의 요소들을 통해 사고를 분석하는 것은 이해를 목적으로 하고 있는데, 이러한 이해는 바로 비판적 사고의 출발점인 것이다. 사고의 8요소는 목적, 핵심 질문, 정보, 결론, 주요 개념, 가정, 함의나 귀결, 관점, 맥락, 대안의 요소들로 분석한다. 그래서 비판적으로 사고할 때 우리는 마음속에 떠오르는 생각을 그냥 무비판적으로 수용하지 않는다. 우리는 우리의 사고가 명료한지(clarity, clearness), 정확한지(accuracy), 정밀한지(precision), 적절한 관련이 있는지(relevance), 중요한지(importance, significance), 논리적인지(logicalness), 폭이 넓은지(breadth), 충분한지(sufficiency), 깊이가 있는지(depth) 등을 곰곰이 생각하게 된다. 이런 요인들은 우리의 사고가 충족시켜야 할 표준들이다.

이와 같이 비판적 사고는 사고의 8가지 요소들에 의해 분석되고, 9가지 표준들에 의해 평가되며, 그런 다음 그 평가에 입각해 개선되어야 한다는 것을 알 수 있다. 평가를 할 때는 사고 요소들과 표준들을 활용하여 다음과 같은 질문을 제기하고 답을 찾으면 된다.

- 사고의 목적이 명료한가? 그 사람이 추론 과정에서 목적을 달성하였는가?
- 핵심 질문에 대해 적합하게 답하고 있는가?
- 정보들이 합리적인가? 옳은가? 많은 정보가 필요하지는 않은가?
- 추리로부터 그 사람의 결론이 따라 나오는가? 그 사람이 해당 문제를 정확하게 해석하고 있는가?
- 추론의 결과에 영향을 미치면서 핵심 개념들을 달리 해석할 수 있는 다른 대안 방식들이 있는가?

- 주요 가정들이 충분히 합리적인가?
- 추론에서 주요 함의나 귀결이 승인할 만한 것인가?
- 문제에 대한 다른 합리적 관점들을 의식하고 있는가? 그 사람이 그런 관점들을 적절하게 고려했는가?
- 해당 맥락을 충분히 고려하는 방식으로 문제를 다루고 있는가?
- 생각을 추론해낸 방식 이외에 더 나은 대안들이 있는가?

사고의 요소들에 의해 분석되고, 표준들에 의해 평가되며, 사고 요소들과 표준들을 활용한 사고에 대한 평가 질문들은 어린이들에게 모두 실제적으로 사용되기보다는 어린이의 진술이나 아이디어를 고려하고 평가할 수 있도록 교사가 도와줄 수 있다.

비판적 사고와 관련된 연구를 살펴보면, Weinstein & Martin(1982)은 초등학교 3, 4, 5학년을 대상으로 철학동화 「Pixie」와 「Harry」를 매체로 철학 프로그램 실행 후 두 집단의 사전 · 사후 검사를 비교한 결과, 프로그램을 실시하지 않은 집단보다 실시한 집단의 비판적 사고력이 유의미하게 향상되었다고 보고하였다.

Cummings(1979)도 초등학교 5학년 학생을 대상으로 철학소설 「Harry」를 매체로 주 2회, 40분씩 15회 프로그램을 실행하고 사전 · 사후 검사를 비교한 결과, 철학 프로그램을 실시한 실험집단의 논리적 사고력이 유의미하게 향상되었다고 보고하였다.

또한 Iorio, Weinstein & Matin(1984)은 초등학교 3, 4학년은 「Pixie」, 5학년은 「Harry」를 매체로 1년 동안 철학 프로그램을 실행한 후 추론 검사를 실시한 결과, 프로그램을 실시한 실험집단의 추론능력이 유의미하게 향상된 것으로 나타났다. 이외에도 추론능력이 발달되었다는 연구 보고가 있다(Burnes, 1981; Cinquino, 1981; Higa, 1980; Karras, 1979; Lipman, 1970; Reed & Henderson, 1981; Shipman, 1978, 1982, 1983).

국내의 연구를 살펴보면, 박명숙(2005)은 만 6세 유아 46명을 대상으로 철학적 탐구공동체 활동을 그림책을 교재로 주 3회씩 12주 동안 실시한 결과, 비판적 사고의 하위요인인 추론, 해석, 평가 모두 향상된 것으로 나타났다(박명숙, 2005). 이민애(1999)는 토론 내용의 변화를 질적으로 분석해본 결과, 만 5세 유아들이 단순사고에서 복합적 사고로 변환될 수 있음을 보고하였다.

(2) 창의적 사고

창의적 사고는 의미(meaning)의 메가 준거와 관련된 것으로, 다각적인 접근 방식과 질문 또는 대화에 의해 열린 결론을 추구하는 철학적 사고의 한 유형이다(Lipman, 1991). 창의적 사고는 기존의 지식으로는 해결될 수 없는 새로운 문제 상황에서 기존의 것과는 다른 아이디어나 해결 방법을 적극적으로 산출해 내는 사고이다. 창의적 사고는 상상을 다른 상황과 비교하거나 결합하는 과정에서 생성된 새로운 의미를 현실에서 구체적으로 형상화시키는 힘이다(조선희 · 유연옥, 1999).

Lipman(1995a, 2003)에 따르면 비판적 사고와 창의적 사고는 상호 보완적인 역할을 한다고 한다. 창의적 사고가 가지고 있는 비판적이고 창의적인 특징은 다음과 같다.

- 독창성(originality): 독창성만으로는 창의적 사고로 발전하기 어렵다. 중심을 벗어나거나 불합리할 수도 있기 때문이다. 따라서 일정한 준거가 필요하다.
- 생산성(productivity): 생산적 사고란 문제되는 상황에 적용되어 대체적으로 성공적인 결과를 가져오는 사고이다.
- 상상(imagination): 가능한 세상을 마음에 그리는 것으로, 문제는 가능의 영역을 탐색하는 사람들이 그만큼 실제적인 감각도 유지해야 한다는 것이다.

- 독자성(independence): 다른 사람들이 반성 없이 받아들이는 내용들에 대해서 질문하기를 좋아하며 그 질문에 대해 다시금 생각한다.
- 실험(experimentation): 확고한 증거를 찾으려고 노력하며, 그 증거들을 끊임없이 검토하고 실험해 본다.
- 총체성(holism): 전체-부분의 관계, 목적-수단의 관계들로 전체를 이루는 것이다.
- 표현(expression): 생각하는 대상에 대한 표현뿐만 아니라 생각하는 사람의 표현이기도 하다.
- 자기 초월(self-transcendance): 이전의 수준을 초월하려는 열망이며 이러한 열망이 없다면 성실성이 결여된 탐구가 될 위험이 있다.
- 놀라움(surprise): 독창성이라고도 할 수 있으며, 이론적 사고가 이해를 추구하는 것이라면 이해에 도전함으로써 경이로움과 감탄을 이끌어 내는 것이다.
- 산출(generativity): 스스로 생각하도록 격려함으로써 스스로 생각할 수밖에 없는 조건들을 창안해 낼 수 있다.
- 산파술(maieuticity): 산파와 같이 인간적이고 지적인 소산을 탄생시키며, 또 다른 사람이 그렇게 할 수 있도록 돕는다.
- 발명(inventiveness): 문제와 그에 대한 적절한 해결책을 포함한다. 비록 실험이 성공적이지 않더라도 발명적이라고 할 수 있다.

창의적 사고는 이전에 시도되지 않았던 새로운 방법을 끊임없이 추구한다는 차원에서 의미의 창조에 관한 사고이며, 문제성을 촉진시키는 사고이다. 왜냐하면 말할 가치가 있는 것을 어떻게 말하고, 만들어 낼 가치가 있는 것을 어떻게 만들며, 행할 가치가 있는 것을 어떻게 행할 것인지에 대해 생각하게 하기 때문이다. 즉, 창의적 사고는 배려적 사고인 평가와 비판적 사고인 비평을 자극하고 만들어 내는 것이다.

그러므로 창의적 사고는 학습 상황에서 사고를 향상시키는 데 매우 가치가 있다. 창의적 사고는 이외에도 새로움과 이해력이라는 특징을 갖고 있다.

우리는 세상을 어떻게 이해하게 되는가? 그것은 세상에 대한 경험을 통해서이다. 왜냐하면 경험은 문제 상황에서 출발하기 때문이다. 그래서 우리는 경험을 만들기 위해서 과학적 · 예술적 탐구를 한다. 그러한 경험을 통해 세상은 우리가 이해할 만한 것이 된다. 예술은 문제를 해결하는 것이며, 창의적 사고는 그 문제해결과정 속에서 움직이는 정신(spirit)이다.

일반적인 창의적 사고의 기능은 민감성, 상상력, 유창성, 융통성, 정교성, 독창성이다(전경원, 1998)

- 민감성: 주변의 환경에 대해 예민한 관심을 보이고 이를 통해 새로운 탐색 영역을 넓히는 능력이다.
- 상상력: 과거의 경험을 기초로 해서 앞으로의 행동을 계획하도록 하는 새로운 표상을 만드는 능력이다. 상상력이 발달하려면 이전의 경험이 축적되어야 하고, 여러 다른 심상을 새로운 상황 속으로 통합할 수 있는 능력이 있어야 하며, 또한 현실에서 일어날 수 있는 가능한 변화를 깨닫는 능력의 발달이 필요하다. 사람의 가장 기본적인 심리학적 경험 중의 하나가 상상력인데, 그 상상력은 유아기에 주로 나타나고 형성된다.
- 유창성: 특정한 상황에서 가능한 한 많은 양의 아이디어를 산출하는 능력이다. 사고 과정에서 초기단계인 기능으로서 언어의 유창성, 신체적인 표현의 유창성, 도형적인 유창성으로 구분한다.
- 융통성: 고정적인 사고방식이나 시각 자체를 변환시켜 다양한 해결책을 찾아내는 능력이다. 즉, 어떤 과제를 해결하거나 아이디어를 내는 데 한 가지 방법에 집착하지 않고 여러 가지 방법으로

접근하여 반응하려는 능력이다.

- 정교성: 처음 제안된 아이디어를 다듬고 발전시켜 표현하는 능력이다. 정교하게 다듬어지지 않은 기존의 아이디어를 세분화하여 전개하거나 문제에 포함된 의미를 명확히 파악하여 완성, 보완, 수정하는 지적 특성이다.
- 독창성: 유연한 사고에서 진전하여 자기만의 독특한 아이디어를 산출하는 능력이다. 기존의 사고에서 탈피하여 희귀하고 참신하며 독특한 아이디어나 해결책을 산출하는 능력으로, 창의적 사고의 목표라고 할 수 있다.

창의적 사고와 관련된 연구를 살펴보면, Strohecker(1985)는 초등학교 3학년을 대상으로 철학동화 「Pixie」를 교재로 9개월 동안 프로그램을 실행한 결과, 프로그램을 실시한 실험집단이 프로그램을 실시하지 않은 통제집단보다 사고의 유창성과 융통성이 유의미하게 향상된 것으로 나타났다. 또한 Shipman(1982)도 6학년을 대상으로 「Harry」를 교재로 주 2시간 반씩 1년 동안 실행한 결과, 프로그램을 실시한 실험집단의 창의성이 사고의 유창성과 융통성에서 유의미하게 향상되었다고 보고하였다.

만 5세 유아를 대상으로 한 연구에서도 김수향(2003)은 12주 동안 그림책을 활용하여 토론을 통한 창의적 문제해결 과정이 유아의 창의적 사고에 미치는 영향을 분석한 결과, 토론을 통한 창의적 문제해결 과정에 참여한 실험집단의 유아들은 창의적 사고의 하위 항목인 유창성, 융통성, 독창성이 모두 증진되었다고 보고하였다.

이상으로 철학적 사고 중 비판적 사고와 창의적 사고에 관한 연구를 알아보았다. 다음 절에서는 철학적 사고의 또 한 범주인 배려적 사고 즉 가치에 대한 사고를 다루고자 한다.

2) 배려적 사고

배려적 사고는 우리가 중요하다고 생각하는 것이나 가치가 있다고 생각하는 것에 관심과 배려, 때로는 감정이입과도 연관된 사고 활동으로서, 우리로 하여금 정의적 요소들에 계속적인 관심을 갖고 보다 깊이 생각하고 집중하도록 만들어 주는 사고이다. 배려적 사고는 Noddings (1992)가 말하는 자아에 대한 배려, 친밀한 사람들에 대한 배려, 낯선 사람들과 멀리 있는 사람들에 대한 배려, 동물 · 식물 그리고 땅에 대한 배려, 인간이 만든 세상에 대한 배려, 사상(idea)에 대한 배려를 통하여 그 의의나 중요성 등을 따져 보고 가치를 판단하는 사고이다.

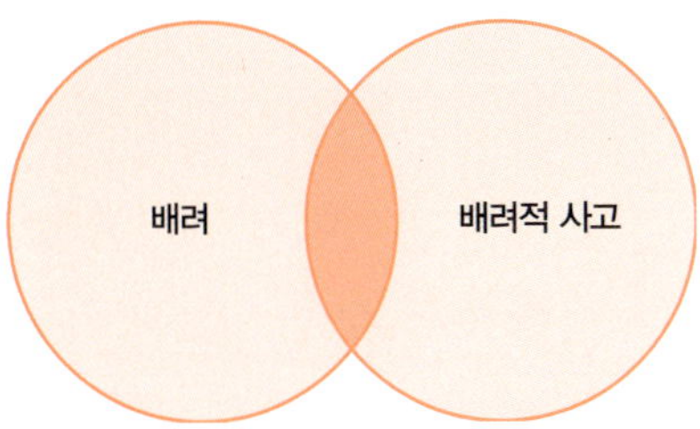

[그림 2] 배려와 배려적 사고

Lipman은 배려와 배려적 사고를 구분한다(Lipman, 1996, 2003). 배려는 일종의 감정 상태이고 배려적 사고는 그에 대한 사고의 작용으로서, 배려와 배려적 사고는 공통부분을 가진 두 개의 교집합으로 나타내어진다(Lipman, 1996). 그는 배려가 단순히 사고의 원인이 아니라 사고의 한 형태이거나, 한 차원이거나 혹은 한 측면일 수도 있다는 점을 강조한다. 또한 대안들을 찾고, 관계를 발견하거나 만들어 내며, 나아가 관계들 사이의 관계를 만들어 나가고, 차이를 알아차리는 것과 같은 인지적 작용을 수행할 때, 배려는 일종의 사고인 셈이다(Lipman, 2003). 배려한다는 것은 우리가 수행하고, 참여하고, 형성하고, 기여하는 방법을 드러내는 것이고 다른 사람과 어떻게 관련이 있는가를 드러내는 것이다. 배려는 우리가 가치 있다고 생각하는 것에 기꺼이 싸우고 고민하는 것처럼 우리의 이상이 드러나는 사고이다(Sharp, 2004).

배려적 사고는 존중, 존경, 소중, 치유, 위로, 돌봄, 양육, 공감, 동정, 소중히 함, 감사, 축하, 타인에 대한 반응 안에서 드러난다. 다시 말해서 배려적 사고는 내면으로부터 '타자'(사람, 사물, 자연, 동물 등)에게 접근하려는 경향이 있다. 유아들에서의 '관계 인식' 촉진의 역할을 하는 것이 바로 배려적 사고이다. 배려적 사고를 하는 사람은 사물을 분리시켜서 보는 대신에 사물들 사이의 관계에 집중하는 경향이 있는데 이것은 깊은 이해로 나타난다. 배려적 사고는 우리의 지각적, 감각적 그리고 정서적인 삶에서부터 생겨나고 어떠한 상황에서 우리가 행동하는 방식을 결정한다. 즉, 배려적 사고는 어린이들로 하여금 건전하고 인정 있는 결정을 내리게 하는 건전한 가치 체계를 정립하도록 한다. 어떤 문제를 도덕적 문제로 인식하는 것은 판단이고, 도덕적 문제를 인식하는 것은 바로 배려적 사고이다. 정서가 없다면 인지는 스스로 도덕적 욕구를 알고 의식하지 못한 상태에서 행동할 것이다. 공감, 동정, 정서적 집중 그리고 깊은 민감성은 배려적 사고의 핵심이다(Sharp, 2006 미간행b).

Entralgo는 관심을 갖는(caring about) 방법에 대해 두 가지를 제시한다(Bornstein, 2003 재인용). 하나는 지배적이고 제한적인 방법이며 다른 하나는 자유롭고 창의적인 과정을 내포하는 방법이다. 즉, 대체와 예방 혹은 예상으로 불린다. 대체는 타인이 자립 능력이 없고 존재성을 잃어 스스로를 발전시킬 능력이 없을 때 타인을 돕는 방법이다. 대체의 경우, 배려받는 사람은 그 배려에 의해 지배당하며, 보호자(caretaker)는 배려하는 동안 보호하고, 걱정하고, 애쓰는 것(striving)을 멈추지 않는 동시에 배려받는 자가 스스로 행동하고 사고 능력을 개발하는 것을 허용하지 않는다. 그러나 예방은 타인이 스스로의 존재를 돌보도록 준비하거나 촉진한다. 이러한 경우에는 배려받는 사람이 대체되는 것이 아니기 때문에 그가 지지받고, 충고받고, 심지어는 그의 행동과 생각에 대한 결과를 발견하고 예측하도록 도와서 스스로 존재하고, 발견하고, 만들어 갈 능력을 잃지 않는다. 예상은 다른 사람을 예상하는 것이 아니라 본인이 예상할 수 있도록 이끌고 그의 자리를 빼앗지 않고도 스스로를 어떻게 더 잘 돌볼 수 있는지를 보여주는 것이다.

배려적-대체적 사고(caring-substituting thinking)에서는 타인이 우리와 다르다는—무력함, 소수, 장애, 보호를 받아야 하는—전제하에 그들과 함께하지만, 배려적-예방적 사고(caring-preventing thinking)에서는 타인을 동등하고, 개별적으로 다르지만 형제처럼 비슷한, 더 자신답게 성장하길, 스스로를 보호하고 돌보길 원하는 우리와 똑같은 현실 욕구의 참여자로 본다. 배려적-대체적 사고에서의 지배적인 방법은 피배려자를 무력하고 보호를 받아야 하는 존재라는 전제하에 가정에서의 보호를 기초로 하고 강제적인 반면, 배려적-예방적 사고에서의 자유로운 방법은 우리의 환경(자연적 · 사회적 그리고 개인적)과 우리와의 관계의 존재에 대해 더 진실된 형태를 만들어 낸다. 두 가지 방법 중 후자의 방법이 보호자와 배려받는 사람 모두에게 배려적 사고를 자유롭고 풍요로운 방법으로 깨닫게 하는 적절한 방법이라는 것이다(Bornstein, 2003).

Richardson(1997)은 배려적 사고를 가르치는 것은 존재(presence)로서의 가치를 가르치는 매우 중요한 요인이기 때문에 배려적 사고를 가르치는 방법을 강조한다. 즉, 어린이들에게 단순히 '~에 대한'(about) 사고를 하기보다는 '~에서의 사고'(thinking in)를 하도록 교육하면 '직접 돌보는 것'(caring for)을 실천할 뿐만 아니라 이해력을 형성하는 데 중요한 판단을 연습할 수 있다는 것이다. 이러한 관점에서 '~에서의 사고'를 통해 관계를 완벽하게 경험할 수 있으며 비판적 · 창의적 · 배려적 사고가 모두 훈련될 수 있다는 뜻이다.

한마디로, 배려적 사고는 철학적 사고의 다차원적 성격에서 가장 기본적인 중요한 차원이며, 비판적 · 창의적 사고를 풍부하게 하는 정서적 · 인지적 태도이며 사고에 가장 일반적이고 특질적인 의미를 준다. 배려적 사고와 다른 상위차원 사고의 다른 범주인 비판적 · 창의적 사고와의 조화를 추구함에 있어서, 문제는 '열정'에 달려 있다. 비판적 사고는 논증, 연역이나 귀납, 형식, 구조, 구성 등으로 생각하려는 경향이 있으나, 감정이 어떻게 우리의 사고를 형성하고 이끄는지에 대해서나 감정이 어떻게 우리의 사고에 틀이나 비율 감각, 관점 혹은 다양한 시각을 제공하는지를 설명하지 못한다. 한편 감정 없는 사고는 밋밋하고 건조하여, 감정 없이는 예술가의 극적이고 창의적인 상상도 우리를 자극하지 못한다. 다른 한편 배려한다는 것은 우리가 존중하는 것에 대해 관심을 집중시키는 것이며, 그것의 가치를 받아들이고 또한 그 가치를 유지시키는 것이다(Lipman, 2003). 가치 간의 경중에 무관심한 것은 배려가 없다는 것이다. 배려가 없다면 생각은 가치적인 요소를 잃게 된다. 만약 사고가 가치나 가치평가를 포함하지 않는다면 사고의 내용에 대해 냉담하고 무심하고 무례하게 접근하게 될 것이며, 결국 탐구에 매우 중요한 뭔가가 결여될 것이다. 무엇이든지 그 안에서 중요성을 발견하게 해 주는 것이 배려이다.

Lipman의 이론을 근거로 Brunt(1996)는 특히 영재교육에서 배려적 사고의 필요성을 강조한다. 영재들은 동년배들보다 앞서 사회적(인권, 환경, 기아, 난민 같은 재앙에 관한) 이슈들에 관심을 갖게 되지만 불행하게도 이러한 이슈들은 지적 수준에서만 이해될 뿐 감정적 수준에서 처리할 만한 감정적 성숙이나 삶의 경험이 부재하여 어린 영재들을 고민에 빠지게 하고 스스로 무력함을 느끼게 한다는 것이다. 이는 영재들을 지도하는 데 있어, 영재들의 강렬한 감정을 다루는 전략을 통하여 혼란에 압도당하거나 취약해지는 것을 막기 위한 상담과 경험 있는 교사들의 지도가 중요하다는 것이다. 높은 수준의 민감성과 감정적 강렬함에 균형이 이뤄지지 않을 경우 윤리성과 동정심의 왜곡된 발달이 인류에게 거대한 재앙을 불러일으킬 수 있다는 것이다. 따라서 영재들이 사회에서 생산적인 구성원으로 올바르게 성장하기 위해서는 영재교육에 배려적 학습 경험이 포함되어야 한다고 강조한다. Brunt는 배려적 사고를 새로운 지능(the new intelligence)으로 부르는데, 배려적 사고는 사람의 마음에 뿌리를 두는 영재성이라는 것이다.

3) 배려적 사고의 유형

Lipman은 1995년에 배려적 사고의 유형을 가치평가적(valuational) · 정서적(affective) · 행동적(active) · 규범적(nomative) 사고로 나누고, 그 특성은 관리성, 보존성, 양육성, 공감성, 감상성, 윤리성 등 여섯 가지로 나눈 바 있다. 그러나 2003년에 그는 배려적 사고의 유형을 가치부여적(appreciative) · 정서적 · 행동적 · 규범적 · 감정이입적(empathic) 사고의 5가지 유형으로 수정, 구분하였다. 가치평가적 사고를 가치부여적 사고(appreciative thinking)라는 용어로 사용하였으며, 감정이입적 사고를 배려적 사고의 한 유형으로 포함시킨 것은 감정이입이 배려적 사고를 구성하는 윤리적 요소로서 중요한 역할을 하기 때문이라고 본다. 배려적 사고의 각 요소는 특정 영역에 한정된 개별성이기보다는 본질상 배려적 특성을 모두 공유하고 있다는 점에서 상호 보완적 성격을 지닌다.

배려적 사고의 5가지 유형은 구체적으로 다음과 같다(Lipman, 2003).

(1) 가치부여적 사고(Appreciative thinking)

가치부여란 가치를 높게 인정하거나 소중히 여기는 것이다. 타인에 대해 관심이나 염려를 보이는 모든 종류의 사고는 가치부여적 사고이다(Bornstein, 2003). 가치 있게 여긴다는 것(to value)은 가치를 부여하여(to appreciate) 소중히 여기고, 그 소중함을 유지하는 것이다. 우리가 무엇인가를 소중히 여기고 경탄하고 마음에 간직한다는 것은 그것을 유지시켜 주는 관계들의 가치에 관계하는 것이다.

가치부여적 사고는 두 부분으로 이루어져 있다(Sharp, 2006 미간행b). 하나는 구체적인 사물의 기능적인 가치보다는 감각적 또는 미학적인 매력에 가치를 부여하는 것이다. 종종 납득할 수 없는 것 속에서 가치 또는 미(beauty)를 발견하거나 추함 속에서 미를 발견하는 등 자연, 예술 또는 사물에 가치를 부여하는 것이다. 가치부여적 사고의 다른 측면은 이상성(추상성 · 관념성으로, 예를 들면 태도, 행동 및 개인적 자질)에 가치를 부여하는 것이다. 이상성에 가치를 부여함으로써 여러 사회의 다양한 가치들을 광범위하게 볼 수도 있고, 자신에게 의미 있는 것, 자신의 태도 및 행동을 살펴봄으로써 자신의 가치관을 분명히 할 수 있다. 따라서 가치부여적 사고의 중요성은 윤리적 신념 및 도덕적 탐구 방식의 확립에 토대가 된다는 것이다. 가치부여적 사고는 선택, 가치부여 및 확인이라는 규명 과정을 통한 사고를 포함한다. 여러 대안 가운데 한 가지를 선택하고 해당 대안이 지닌 가치의 중요성에 가치를 부여하거나 신뢰함으로써 자신의 선택에 만족하고 다른 이들에게 흔쾌히 이것을 확인시켜 주는 것이다. 민감성 및 정서적 강도가 높은 어린이는 가치부여적 사고가 뛰어나 자신의 가치관에 스스로 의미를 부여하게 된다(Sharp, 2006 미간행b).

가치부여적 사고의 특성에는 소중히 여기기, 가치 있게 여기기, 축하하기, 마음에 간직하기, 감탄하기, 존중하기, 보존하기, 칭찬하기 등이 있다.

가치부여적 사고의 특성을 정의하면 다음과 같다(이춘희, 2007).

- 소중히 여기기(prizing): 무엇인가에 가치를 부여하는 것이다. 즉, 우리가 무엇인가를 소중히 여긴다는 것은 그것을 유지시켜 주는

관계들의 가치에 관한 것으로서, 사람과 동식물 그리고 사물 등 광범위한 대상에 나타내는 특성이다.

- 가치 있게 여기기(valuing): 그 대상에 속해 있는 상황 내의 관계에 있어서 그 유용성, 중요성을 찬미하고 아끼고 소중히 여기는 것으로, 무비판적이다.
- 축하하기(celebrating): 상대방에 대하여 기쁘고 즐거운 일을 빌고 치하하는 것이다. 또는 그러한 축원, 치하의 말을 통하여 가치를 인정해주는 것이다.
- 마음에 간직하기(cherishing): 소중히 여기든지 귀여워하는 마음을 간직하거나 신앙을 마음에 품는 것. 또는 그 대상이나 그 대상에 속해 있는 상황 내의 관계를 소중히 생각해서 추억으로 고이 간직하는 것이다.
- 감탄하기(admiring): 감히 흉내 낼 수 없는 놀라운 솜씨나 마음씨에 대해 감동하여 탄복하는 것이다.
- 존중하기(respecting): 그 대상 자체를 소중하게 여기고 받드는 것으로 인간은 어떤 상태로 태어나든 인간이기에 가장 소중하며, 따라서 존엄하게 대우받아야 한다. 성별, 종교, 피부색, 국적, 빈부차이, 사회적 지위, 신체적 · 정신적 조건 등에 관계없이 존중받아야 한다.
- 보존하기(preserving): 일반적으로 대상을 잘 보호하고 간수하여 남아 있게 하는 것으로, 동식물, 문화재, 최상의 관습과 제도, 사상에 대해 그 대상에 따라 보호 · 유지 · 치료 · 교정 · 복구 등의 조치를 취하는 행동적 특성을 의미한다.
- 칭찬하기(praising): 대상에 대해 잘한다고 추어주거나 좋은 점을 들어 기리는 것이다.

(2) 규범적 사고(Normative thinking)

규범적 사고는 실제와 이상(理想)을 비교하여 마땅히 이루어져야 할 바(what ought to be)에 대해 고려하는 사고이다. 이는 상황의 본질을 알고 그 상황을 어떻게 해야 하는지, 혹은 어떻게 될지에 대해서 이상주의적인 통찰력 또는 감각을 갖는 것이다(Sharp, 2006 미간행b). 이것은 가정에서나 학교에서의 도덕교육과 관련이 있다. 도덕규범은 어떤 주어진 상황에서 어떤 종류의 행동을 해야 한다거나 하지 말아야 하는 것에 대한 요구라고 할 수 있다. 도덕규범이란 평가의 표준으로서 우리는 어떤 것이 좋은지 나쁜지, 바람직한지 아닌지, 가치 있는 것인지 아닌지를 결정할 때 언제나 이를 은연중에 참고한다(Taylor, 1975). 개인의 가치가 실제로 항상 바람직하다고 평가되는 것은 아니다. 따라서 자신의 가치에 대해 생각해 보아야 하고, 반성해 보아야 하며, 가치를 탐구하여야 한다. 즉, 규범적 사고는 개인으로 하여금 스스로 반성해 보게 하는 사고이며 개인이 부여한 가치에 대해 판단한다는 차원에서 가치부여적 사고와 불가분의 관계가 있다고 할 수 있다.

배려하는 사람은 언제나 이상적인 배려적 행위에 대해 관심을 갖는다. 그리고 그에 따라 행동하고자 주의를 기울인다. 규범을 고려한다는 것은 인지적인 것이며, 배려의 다른 측면과도 불가분의 관계에 있는 윤리적인 사고이다. 무엇을 할 것인가에 대한 탐구는 무엇을 해야만 하는가에 대한 청사진이나 기획에 대해 탐구하는 것이다. 이러한 탐구가 충분히 이루어졌을 때 그 결과가 바람직해지는 것이며 좀 더 양질의 삶을 살 수 있게 되는 것이다.

따라서 규범적 사고의 주요 특성은 이상(理想)과 행동 간의 불일치에 대한 민감성, 사회 문제에 대한 해결책을 개념화하여 제시하는 능력, 인간성 및 보편적 문제에 대한 깊은 염려이다. 이는 배려적 사고의 정서적 특성뿐만 아니라 행동 추진력과 관련된 것으로 사고 및 행동의 모든 측면에 원동력으로 작용하게 된다. 배려적 사고를 촉진하면 감정, 동정심, 정의감의 강도가 높아지고 학생들에게 대화적 · 건설적 · 비폭력적 수준에서 반응할 수 있는 전략을 부여할 수 있다.

규범적 사고의 특성에는 요구하기, 의무 다하기, 강제적 의무 따르기, 적절함 알기, 권면하기, 강하게 요구하기, 기대하기 등이 있다.

규범적 사고의 특성을 정의하면 다음과 같다(이춘희, 2007).

- 요구하기(requiring): 문제를 해결하거나 필요한 사항에 대해 꼭 이행하도록 요청하는 것을 말한다.
- 의무 다하기(obliging): 윤리학적으로는 '…해야 한다'라는 당위(當爲)의 형태로, 사회적 질서를 유지하고 조정하기 위한 사회적 · 물리적 · 정신적인 강제 및 구속을 일컫는 말이다.
- 강제적 의무 따르기(compelling): 하지 않으면 그 결과를 감수하게 되는 것으로, 우리의 선택과 관계없이 행해야 하는 것이다. 도덕상의 의무와 구별하기 위하여 법적 의무 또는 법률상 의무를 말한다.
- 적절함 알기(appropriate): 적절한 시간에 적절한 장소에서 적절한 행동을 하는 것이다. 상황에 적합하거나 적절한 행동이 있다는 것을 알게 되며 그것이 바로 옳은 행동이라는 것도 깨닫게 된다.
- 권면하기(enforcing): 자신뿐만 아니라 타인에 대하여도 사람들이 마땅히 해야 할, 또는 받아들여야 할 행동을 이행하도록 주장, 권유하는 것을 말한다.
- 강하게 요구하기(demanding): 권리를 강하게 요구하는 것에 국한한다. 권리를 갖는다는 것은 어떤 것에 대한 자격을 갖는다는 것이며 그 자격을 정당화할 수 있는 것이다. 기본권과 같이 어떤 이익을 자기를 위해 주장할 수 있는 법률상의 힘을 말한다.
- 기대하기(expectant): 일상생활 속에서 상식적으로 사람들이 마땅히 해야 할 또는 받아들여야 할 행동에 대한 예상을 말한다.

(3) 정서적 사고(Affective thinking)

정서적 사고란 감정이 이성의 빛을 가린다는 가정 대신에 이성과 감정을 이어주는 사고로, 판단의 한 형태이다. 좀 더 넓게는 생각의 한 형태라고 할 수 있는 감정적 사고는 사고의 한 형태이며, 배려적 사고는 감정적 사고의 한 형태이다. 이런 의미에서 보면 모든 배려적 사고는 감정적 사고이지만, 모든 감정적 사고가 배려적 사고는 아니다. 감정 없이 어떤 것을 배려적으로 생각할 수는 없기 때문이다. 적어도 어떤 감정은 판단의 단순한 심리적 결과가 아니라는 점이다.

따라서 정서적 사고는 불의에 대해 정서 및 인지적으로 반감을 가진다. 이는 옳고 그름을 분명히 식별할 수 있고 정의감이 투철한 사람이 불의에 대해 보이는 정서적인 반응이다. 배려적으로 생각하는 사람들은 타인의 태도나 정서에 큰 영향을 받는다. 이들은 반응을 보일 때 전념하고, 분별 있게 사고하고, 옳고 그름에 비추어 상황을 판단하고, 투철한 판단력으로 정의를 행한다. 이들은 강력한 감정이입을 느끼고 무고한 사람 또는 생물에게 불의한 일이 생기면 분노한다. 이것은 감정이입을 할 경우에만 일어날 수 있는 매우 이타적인 행동이다. 따라서 정서적 사고는 상대방의 감정을 인정하고 비폭력적인 방식으로 처리하는 것이다. 즉, 도덕적 인식은 정서이다. 어떤 문제를 도덕적 문제로 인식하는 것은 판단이고, 도덕적 문제를 인식하는 것은 바로 배려적 사고이다. 정서가 없다면 인지는 스스로 도덕적 욕구를 알아차리지 못할 뿐 아니라 의식하지 못한 상태에서 행동할 것이다. 어린이들은 상황, 기준 및 다양한 견해에서 사고하는 것이 중요하다는 것을 인식하게 된다. 배려적 사고자의 중요한 자질은 비폭력과 결합된 강한 정의감 및 타인의 감정에 대한 높은 민감성, 진보된 도덕적 판단으로 요약될 수 있다(Bornstein, 2003; Sharp, 2006 미간행b).

정서적 사고의 특성에는 좋아하기, 사랑하기, 길러주기, 경의를 표하기, 화해하기, 친근하기, 격려하기 등이 있다.

정서적 사고의 특성을 정의하면 다음과 같다(이춘희, 2007).

- 좋아하기(liking): 대상에 대해 관심을 갖고 이해하려는 노력인 동시에 그것을 통한 즐거움이 수반되는 것이다.
- 사랑하기(loving): 인간의 근원적인 감정으로 인류에게 보편적이며, 인격적인 교제이다. 타인에 대한 사랑을 정의하는 데 있어서 가장 전형적인 것은 상대방의 행복이 곧 자신의 행복이다.
- 길러주기(fostering): 동식물을 아끼고 돌보는 것이다.
- 경의를 표하기(honoring): 훌륭하다고 인정되는 이름이나 자랑 또는 그런 존엄이나 품위에 대하여 공적을 기리고, 존경의 뜻을 나타내는 것이다.
- 화해하기(reconciling): 다툼이 있는 당사자들이 서로 양보하여 다툼을 그치고 원만하고 조속히 해결하는 것이다.
- 친근하기(friendly): 누구나 다가가기 쉽고, 편하며, 쉽게 친숙해질 수 있다는 등의 의미를 총체적으로 포함하는 개념이다.
- 격려하기(encouraging): 남에게 용기나 의욕을 북돋워 힘을 내게 하는 것이다.

(4) 감정이입적 사고(Empathic thinking)

감정이입은 다른 사람의 실세 속으로 투사하는 능력, 그리하여 완전히 이해하는 것, 그 대상을 숙고하는 것으로, 용어의 의미는 아주 넓다. 하지만 여기서는 우리 자신을 다른 사람의 입장에 놓고 내가 그들인 것처럼 그들의 감정과 경험에 빠져보는 것으로 한정지어 생각하고자 한다. 감정이입은 배려의 한 방법인데, 우리 자신의 느낌과 시각과 전망으로부터 몇 걸음 뒤로 물러서서 다른 사람의 느낌과 시각과 전망에 있는 자신을 상상해 보는 것이다. 즉, 상상한다는 것은 우리로 하여금 상대에 대한 감정이입을 가능하게 하는 것이다.

Noddings(1984)는 감정이입이란 먼저 상대를 꿰뚫어 보는 것이 아니라 그를 받아들이는 것이라고 주장한다. 즉, 타인을 나 자신 속에 받아들여 타인에게 감정이입하는 것이며, 그것을 몰입(engrossment)이라는 용어로 표현한다. 타인의 현실과 감정을 상대가 느끼는 것과 가깝게 이해하는 공감은 배려를 하는 데 필수적인 요소이다. 상상력과 감정이입의 결합이 우리에게 타인들의 고통, 슬픔, 기쁨 등을 함께 공유할 수 있도록 해주는 것이다. 공감은 우리가 서로 공유하는 세계에서 살 수 있도록, 그래서 서로의 몸짓과 행동과 지각과 경험과 의미와 상징과 이야기들을 나눌 수 있도록 해주는 매우 중요한 감정이다. 우리의 감정을 통해 우리가 상황을 어떻게 이해하고 있는지 알 수 있듯이 다른 사람의 감정을 통해 그가 상황을 어떻게 이해하는지를 쉽게 알 수 있다. 다른 사람의 감정이 이해가 잘 안 되는 이유는 각자가 서로의 상호작용 속에 포함되어 있는 인지적이고 언어적인 요소만을 평가했을 뿐, 서로의 이해가 현실이 되게 하는 감정의 교류가 없었기 때문이다.

그러나 다른 사람의 경험에 대한 상상적인 지적 · 정의적 참여로서 정의적인 능력뿐만 아니라 인지적인 능력 또한 필요하다(Bennett, 1998). 모든 것에 무분별하게 감정이입할 것이 아니라 적절한 상황에서 적절한 대상에게 감정이입할 수 있는 능력을 길러야 한다(Verducci, 1999). 우리는 감정이입적인 상상력을 통하여 자기중심성에서 벗어나 타인의 입장에서 보고 느끼고 자각할 수 있어야 하며 수업시간에 타인의 마음의 상태라고 내가 감정이입한 것이 과연 옳은지 그른지를 타인과의 대화를 통해 계속해서 평가받는 것도 정확한 감정이입을 하는 데 도움이 될 수 있다. 우리가 감정이입적인 상상력을 통해 타인이 보고 느끼고 사고하는 것을 타인의 입장에서 이해할 수 있을 뿐만 아니라 느낄 수 있다면, 타인의 선을 증진시키는 도덕적 행위를 하기가 쉬울 것이다. 이렇게 '나와 너'의 연대감이 사람 간의 관계를 더욱 견고히 하여 '우리'라는 조망을 가질 때 사회적 연대성이 형성될 수 있다(Wallwork,

1985). Noddings(1984)는 공감이나 연민이 자라나서 결과적으로 성찰과 헌신으로 달성될 때에 사람이 윤리적일 수 있다고 주장한다.

감정이입적 사고의 특성에는 고려하기, 동정하기, 성원 보내기, 주의를 기울여 돌보기, 연대감 갖기, 세심하게 주의를 기울이기, 신중해지기, 상상하기 등이 있다.

감정이입적 사고의 특성을 정의하면 다음과 같다(이춘희, 2007).

- 고려하기(considerate): 어떠한 맥락이나 상황을 고려한다는 것으로, 이는 '관련된 맥락이나 상황을 고려해서' 판단하는 것을 말한다.
- 동정하기(compassionate): 다른 사람을 돕고 싶어 하거나 다른 사람의 고통에 대해서 함께 슬퍼하는 것을 말한다.
- 성원 보내기(curatorial): 일이나 직업 또는 사물 등을 가치 있게 여기고 그를 돌보는 행위 및 그 밖의 대상에 대해 돌보는 자체이다.
- 주의를 기울여 돌보기(nurturant): 한 사람을 기르거나 가르치는 과정에서 더 나은 상태로의 발전 및 변화를 위한 행위 자체를 말한다.
- 연대감 갖기(solicitous): 대상에 우정이나 애정 같은 정서를 가지고 대상의 현실을 자신의 현실로 받아들여 대상의 상황과 처지에 대하여 함께 느끼며 공감하는 것을 말한다.
- 세심하게 주의를 기울이기(mindful): 행동에 신경을 써서 일에 그르침이 없도록 한다는 의미를 지니며, 어떤 일에 성심껏 열의를 기울이는 것을 말한다.
- 신중해지기(serious): 대상의 상황과 처지를 경청하고 수용하여 함께 느끼며 경험하는 과정에서 때때로 진지하게 생각하거나 결정을 내리기 위한 조심스런 방법이다.
- 상상하기(imaginative): 다른 사람이나 기타 대상의 느낌과 시각과

전망에서 생각하는 것을 말한다.

(5) 행동적 사고(Active thinking)

인지적인 감정이 있다면 인지적인 행동도 있을 수 있다. 낱말로 이루어진 언어가 있듯이 행동 또한 자신을 나타내는 언어라고 할 수 있다. 제스처나 몸동작, 얼굴 표정이라는 행위적 표현에 의해서 의미 있는 메시지가 표현되기도 하고, 특별한 의미가 없는 행동조차도 적절한 상황 안에서 이뤄졌을 때는 의미를 가질 수 있다.

정서적인 느낌으로 관심을 갖는 것(caring about)과 직접 돌보는 것(caring for)은 구별해야 한다. 관심을 갖는 것이 나를 걱정시키는 누군가 혹은 무엇인가에 대해서만 생각하고 있는 것이라면, 직접 돌보는 것은 그에 대해서 걱정하고 생각만 하는 것이 아니라 나의 걱정을 배려로 전환하는 것을 말한다. 나는 그를 돌보고, 돕는다. 즉, 행동한다. 그러므로 돌본다는 것은 행동적 사고에 의한 것이며, 이미 존재하는 것을 유지하거나 보존하기 위하여 방어할 수 있는 사고이다. 행동적 사고는 우리가 행동하고 표현하는 데 이유가 있는 사고이며, 자취를 남기도록 장려하며, 무관심이나 방관하는 것을 막고 책임을 지도록 하는 것이다(Bornstein, 2003). 다시 말해서 관심을 갖는 것은 가치부여적이거나 정서적인 사고이고, 돌보는 것은 행동적 사고이다. 또한 행동적 사고는 관심이 가는 대상을 보존하려는 관리적 특성을 갖는다(Clement, 1996; Gilligan, 1997; Walker, 1989). 사람들은 자신의 젊음이나 외모를 지키고 싶어 하는 것처럼 자신이 가치가 있다고 생각하는 것들을 지키기 위해 애를 쓴다.

행동적 사고의 또 다른 형태는 운동선수들이 하는 것과 같은 전문적인 사고이다. 야구의 경우, 규칙을 지켜야 하는 것과 같은 기계적인 행동이 필요할 때도 있지만 트리플 플레이처럼 창의적인 판단이 필요한 상황도 있다. Lipman은 후자의 행동이 인지적이라고 생각한다. 왜냐하면 그런 행동들은 대부분의 전문적인 행위들과 마찬가지로 판단을 통해 이루어지기 때문이다.

Sharp에게 있어 행동적 사고는 열정적으로 원인에 관심을 가지고 몰두하는 것이다. 따라서 배려적 사고자의 중요한 자질로 타인에 대한 높은 의식, 열정적인 전념과 내적 규제의 균형, 상황을 개선하기 위한 행동을 하는 성향, 동정적인 사고자로 본다(Sharp, 2006 미간행b).

행동적 요소에는 조직하기, 참여하기, 관리하기, 실행하기, 구축하기, 공헌하기, 완수하기, 구하기 등이 있다.

행동적 사고의 특성을 정의하면 다음과 같다(이춘희, 2007).

- 조직하기(organizing): 타인을 위해 무엇을 할 것인지를 사고하는 과정에서 필요한 인력과 물자, 정보, 지식을 체계화하여 타인에게 가장 만족스런 상황이 되도록 그 방도를 상정해 보는 것을 말한다.
- 참여하기(participating): 참가하여 관계형성에 긍정적인 영향을 미치고 주변의 참여 지지를 확산시키는 것을 말한다.
- 관리하기(managing): 해야 할 또는 하고자 하는 바를 이루기 위해 방침을 정하고 상황에 맞게 지휘 · 조정하는 과정을 말하며 처리를 잘해 나가는 것을 말한다.
- 실행하기(executing): 해야 할 것이나 하고자 하는 것을 실제로 시행하는 것을 말한다.
- 구축하기(building): 사람과 사람, 사람과 사물 등 둘 이상이 서로 관계를 맺어 긍정적인 관계로 발전하거나 또는 성취물이 이뤄지는 것을 말한다.
- 공헌하기(contributing): 남에게 도움이 되거나 이익을 주는 것을 말한다.
- 완수하기(performing): (목적이나 책임을) 모두 이루거나 다하는 것

을 말한다.

- 구하기(saving): 어렵거나 위태로운 처지에 있는 사람을 그곳에서 벗어나도록 도와주는 것을 말한다.

이상의 내용을 요약하면, 배려적 사고는 5가지 유형인 가치부여적 사고, 규범적 사고, 정서적 사고, 감정이입적 사고, 행동적 사고가 있으며 5가지 유형에는 총 38가지 특성이 있다.

3. 유아의 배려적 사고

본 절에서는 유아의 배려적 사고에 있어 그 근거가 되는 유아의 윤리적 · 철학적 사고의 가능성을 먼저 다루고자 한다. 유아는 철학적 사고를 할 수 있는가? 유아는 논리적 · 도덕적 추론을 할 능력이 있는가? 유아에게 배려적 사고는 가능한 것인가? 유아들은 세상에 대한 호기심으로 "뭐야?", "왜?"라는 탐구적 질문을 끊임없이 한다. 유아는 이해하기 어려운 세계와 자신에 대해서 호기심과 당혹감, 경이로움을 느끼며 까닭과 근원, 원인과 목적 등과 같은 의문을 제기한다.

유아들이 제기하는 질문은 때때로 형이상학적 · 논리적 그리고 윤리적인 질문을 포함한다. 형이상학적 질문은 보다 보편적인 차원을 넘어 일상적인 대화를 난처하게 하는 대단히 광범위한 질문이다. 논리적 질문이란 일반적으로 추론과 관계된 의미로, 사고의 무모순성을 추구하는 규칙과 관련된다. 윤리적 질문이란 도덕적인 주장 및 행위와 관련된다.

내가 해도 되는 것은 무엇이고 해야만 하는 것은 무엇인가? 무엇 때문에? 무엇이 선이고 왜 그것은 선이 되는가? 어떻게 결정하고 바르게 행동할 것인가? 유아에게 있어서 윤리의 문제란 다른 사람과의 상호작용을 통한 삶에 있어서 자신의 욕구를 어떻게 다루어야 할 것인가의 문제와 직결된다(Frank, 1980). 이는 질문을 하지 않더라도 내적으로 스스로 질문할 수 있는 문제이며 유아 역시 도덕성에 관여하고 있다는 것을 보여주고 있다. 유아들은 도덕적인 주장과 행위의 무모순성에 관심을 갖는다. 무모순성의 본질을 가장 잘 설명하는 것은 논리이다. 따라서 논리적인 훈련으로 도덕적 성실성의 기본적 조건이 되는 무모순성에 대한 올바른 판단력을 증진시킬 수 있다(Lipman et al., 1980).

일찍이 철학은 철학자들만의 전유물로 생각되어 어린이에게 부적합한 것으로 이해되어 왔다. 그러나 철학은 어느 정도의 지적 능력만 갖추면 누구나 참여할 수 있는 보편적 정신활동으로서, 철학교육이 가능한 연령상의 하한선은 상정할 수 없다(Lipman & Sharp, 1986). 유아들과 철학적 토론을 수행해 온 Reed(1983)나 유아기의 사고 교육을 옹호하는 학자들은 인지적 능력이 성숙에 의해 제한되지 않으며, 추상적인 사고가 유아기에도 가능하다는 입장을 보인다(Matthews, 1980, 1994; Saunders & Meyerson, 1980; Sharp, 1995, 2004; Splitter & Sharp, 1995).

Piaget에 의하면 인지발달은 이전 단계에서 다음 단계로 대체하면서 질적으로 다른 사고를 하게 된다. Piaget는 특정한 단계에 도달해야만 일정한 사고가 가능하다고 보며, 현재의 연령이나 단계보다 높은 단계의 사고를 요구하는 것은 의미가 없다고 본다. Piaget의 인지발달 단계에 따르면 사고에 대한 사고는 추상적 사고를 할 수 있는 형식적 조작기(12세 이후) 이전에 나타날 가능성은 거의 없으며 유아기는 자기중심적 사고를 하는 시기이므로 타인의 입장을 이해할 수 없는 것이다. 감정이입에 필수적인 조망수용 능력(perspective-taking ability)에 대해, Piaget와 Inhelder(1956)는 유아의 인지 조망수용 능력이 7세 이후에 이르러서야 가능하다고 하였다.

그러나 Damon(1988)은 Piaget의 연구에서 제시한 것보다 유아가 훨씬 더 빨리 자기중심성에서 벗어나 타인에게 감정이입할 수 있으며 인지적 추론능력을 갖는다고 주장한다. 유아에게 친숙한 과제를 사용하거나 과제를 단순화시켜 유아가 이해할 수 있는 언어를 사용하면 어린 유아들도 자기중심성에서 벗어나 타인의 시각에서 조망할 수 있는 것으로 나타난다(이춘재, 1981; Garvey & Hogan, 1973). 영유아의 '마음이론(theory of mind)'에 대한 연구(송명자, 1995)에서도 유아는 실제 세계의 경험이 행동으로 이행되는 과정 속에서 경험을 바탕으로 형성되는 신념, 지식, 동기, 정서, 의도 등의 내재적 상태, 즉 마음이 존재하며 이러한 마음이 행동을 매개하고 결정하게 된다는 이해를 갖기 시작한다는 것이다. Fisher(1999)는 "너무 어리기 때문에 유아기에 시작할 수 없다는 것은 타당하지 않다"는 유아교사의 말을 인용하여 4세 유아라 할지라도 장래에 상위차원의 사고를 할 수 있도록 준비시키는 정신습관과 경험을 소개할 수 있다고 하였다.

Mattews(1980)는 표집과 방법론적 측면에서 Piaget의 인지발달 단계이론을 비판하는데, Piaget는 발달단계에서 벗어나는 유아의 반응을 중요시하지 않았으나 그 기준에 맞지 않는 반응들이 오히려 철학적으로 매우 흥미 있는 일탈된 반응이라는 것이다. 그에 의하면 표준적인 반응은 깊이 생각해 보지 않은 사회화의 산물인 반면 일탈된 반응은 훨씬 더 순수한 사고일 수 있다. 철학을 성숙한 자에게만 가능한 것으로 보는 것은 철학에 대한 오해라고 하면서, 그는 유아들이 철학의 가장 중요한 특징들인 철학적인 문제의식과 문제에 접근하는 신선함과 창의성을 다 갖고 있는 것으로 보았다. 그래서 유아시기부터 사고 교육을 실시한다면 추상적인 사고기술이 훨씬 더 효과적으로 적용되고 전이된다는 것이다(Splitter, 1991). 그는 유아와 어른 간의 사고의 차이란 본질의 차이가 아닌 경험과 이해의 폭에 있어 어른이 유아보다 좀 더 넓은 레퍼토리 양을 가진다는 차이일 것이라고 주장한다(Mattews, 1978).

다음에 소개하는 유아의 대화와 질문은 유아의 철학하는 능력과 그 대화와 질문들이 담고 있는 철학적 의미, 특히 윤리적 의미를 보여준다.

> 6세인 이안은 아버지 친구분이 데리고 온 세 아이들이 먼저 텔레비전을 차지하여 자기들이 원하는 프로그램을 보고 있는 걸 보고서 화가 났다. 왜냐하면 그 아이들 때문에 이안은 자신이 좋아하는 프로그램을 볼 수 없었기 때문이다. 이안은 풀이 죽은 목소리로 물었다. "엄마, 어째서 한 사람의 이익보다 세 사람에게 이익이 되는 게 더 좋지요?" (Matthews, 1980)

위의 예문에 나타난 이안의 질문은 그 나름의 윤리적 사유를 담고 있다. 한 사람만 좋기보다는 보다 많은 사람을 좋게끔 하는 일은 '행복을 극대화한다'는 공리주의 원리에 근거할 때 윤리적으로 정당화된다. 그러나 겸양의 미덕이 양보받는 쪽에서는 절대 긍정적인 의미를 가질 수 있지만, 사실 양보하는 쪽에서 본다면 자신의 희생을 감수해야 하는 부정적 또는 소극적 의미를 지닌다. 눈앞에 펼쳐진 상황을 수용하기 어려울 때, 왜 그것을 수용해야 하는지 의문을 품는 일이 바로 유아로 하여금 스스로 탐구하게 만드는 것이다. 일상사 속에서 유아들은 개인이 바라는 것과 사회적으로 바람직하다고 여겨지는 것 사이에는 차이가 있다는 것을 인식하게 된다. 이때 성인과의 상호작용을 통해 점차 사회적으로 마땅히 행할 바를 알게 됨으로써 보다 배려적인 방향으로 사고하고 행동할 수 있을 것이다.

Palmer(Henry C. Johnson, 1979 재인용)는 유아들이 주고받는 윤리적 대화의 예를 보여준다. Palmer는 친구 자녀(6세와 4세)의 대화에서 극단적인 이타주의(exclusive altruism)란 터무니없다는 윤리적 주장을 간파하고 있다. 두 유아의 대화는 다음과 같다.

> 두 아이가 잠자리에 들 시간이었다. 엄마가 잠자리를 돌보아 주기 위해 아이들의 방문을 들어설 때 두 아이가 나누는 이야기를 들을 수

있었다. 그들은 자신들이 이 세상에 무엇을 위해 존재하고 있는지를 토론하고 있었다. 그것은 어린아이의 정신에서 공통적으로 발견되는 범위의 문제들에 관한 것이다. 여동생은 자신들이 아마도 다른 사람들을 돕기 위해 있는(존재하는) 것이라고 제안했다. 그러자 그의 오빠는 "왜? 마벨, 절대 그렇지 않아. 만약 그렇다면, 그 다른 사람들은 무엇을 위해 있는(존재하는) 거겠니?"라고 반문했다.

4세의 여아와 6세의 남아가 인간의 삶에 대한 이유를 토론하고 있다. 왜 사는가? 4세의 이타주의자는 이 세상에 존재하는 이유를 "다른 사람을 위해"라고 말하고, 6세인 남아는 어린 이타주의자의 답변을 터무니없다고 부정한다.

타인을 위한 선(이익)을 행동의 원칙 또는 의무로 생각하는 이타주의는 부분적으로 인정될 수는 있으나, 인간의 이기적 경향을 부정할 수 없으므로 극단적인 이타주의는 독단이 된다. 그런데 이러한 이타주의를 이해하고 있다는 듯이 6세 유아는 4세인 동생의 답변을 추리해감으로써 이타주의의 난점을 지적하고 있다.

6세 유아의 반론의 이유는 "내가(혹은 우리가) 만약 다른 사람을 위해 존재한다면, 그들은 그들이 존재할 이유로서 가질 그 무엇이 없어지게 되기" 때문이라는 것이다. 내가 타인들 모두를 위해 존재하면, 타인 모두는 존재할 이유가 없어진다. 또는 내가 타인을 위해 존재하고, 그 타인은 제2의 타인을, 또 제2의 타인은 제3의 타인을 위해 등등으로 계속 순환하여 마지막 타인이 나를 위해 존재한다고 하면, 이 세상에서 자기의 삶을 영위하는 자는 하나도 없게 된다. 세상사람 모두가 타인을 위한 삶을 위해 존재할 뿐, 자기를 스스로 돌볼 사람은 없는 것이다. 이러한 추론의 과정 끝에 6세의 유아는 그가 알고 있는 언어로 극단적 이타주의의 난점을 지적하였던 것이다(정대련, 1990). 한편 이러한 지적은 자신의 본래적인 가치, 독특한 존재로서의 자신, 자신의 인격적인 존재 등, 전 존재로서 자신을 대우하는 것을 의미한다고 볼 때 자기 배려를 한다고 볼 수 있다. Noddings(2002)는 자기 자신을 배려하는 것을 배우는 데 자아상과 자아 존중이 중요하다고 지적한다.

Mattews, Palmer가 제시한 예는 유아가 도덕적 사고를 바탕으로 한 윤리적 대화를 하고 있음을 보여주는 것으로, 유아들도 일상사 속에서 부모, 친구들과 자신들의 도덕적 삶에 대해 진지하게 대화하고 있음을 증명하고 있다.

따라서 Piaget나 Kohlberg와 같은 발달론자의 이론에 따라 합리적 · 논리적 · 형식적 사고가 가능한 시기를 기다리는 것은 의미가 없다. 유아가 자신의 문제로 고민하고, 삶에 대해 질문하는 그때가 바로 철학과 윤리가 개입되는 때이며, 그때가 바로 성인들이 그를 도와야 할 시기이다(정대련, 1990). 사고에 대한 사고는 자연스럽게 오는 어떤 것이 아니고 성인이 어린이로 하여금 보다 합당한 방법으로 사고하기를 연습하도록 그리고 사고의 습관을 내면화하도록 이끌어 줌으로써 계발되는 것이다(Fisher, 1998).

이런 입장에서 Lipman과 Sharp 등이 중심이 되어 시작한 '어린이 철학 증진 연구소(IAPC)'는 가치와 윤리의 중요성을 강조하며 유아가 공정과 불공정, 옳고 그름, 좋고 나쁨, 친절과 불친절과 같은 다양한 철학적 개념을 사고할 수 있다고 전제하고 그들이 철학적 반성을 할 수 있는 초기의 가능한 기회를 놓치지 않도록 일련의 프로그램을 고안하였다(Pritchard, 1993).

KIDS
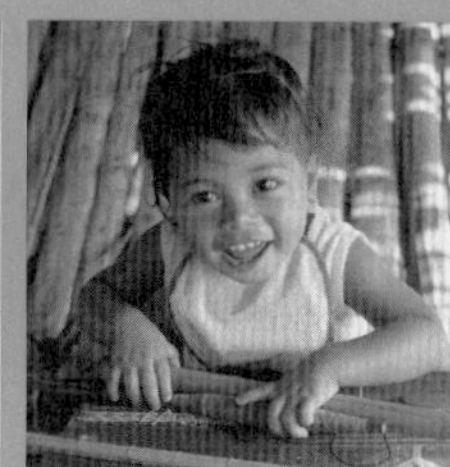

제 2 부

유아의 배려적 사고 교육의 철학적 접근법

제 1 장

철학적 탐구공동체 (community of philosophical inquiry)

1. 철학적 탐구공동체

어린이들도 사려 깊고, 반성적이고, 보다 신중하며, 분별 있는 사람으로 육성될 수 있다고 생각한 미국의 철학자 Lipman과 Sharp는 1969년에 어린이 철학 증진 연구소(IAPC: Institute for the Advancement of Philosophy for Children: 이하 IAPC로 표기함)를 창설하였다. IAPC의 어린이를 위한 철학 프로그램(Philosophy for Children: P4C)은 세계 각국에서 그 교육적 효과를 인정받아 독보적인 영역을 갖게 되었다. 탐구공동체란 어린이 철학교육의 기반으로서 철학교육의 한 가지 방법론이다.

탐구공동체는 원래 미국의 실용주의 철학자 Peirce와 Dewey가 사용했던 개념이다. 특히 Dewey(1966)는 교실은 공동체가 되어야 한다는 것을 강조하고, 교실에서의 탐구공동체 활동을 통해 어린이에게 민주시민의 기본 자질을 길러줘야 한다고 주장하였다. 그 후 탐구공동체란 용어는 Lipman(1991)의 어린이를 위한 철학 프로그램에서 사용되어 그 개념을 명확히 하고 있다. 탐구공동체란 원래 과학적 탐구에 한정되어 사용되었지만 그 뒤 확대되어 과학적 탐구와 비과학적 탐구 모두를 포함하게 되었다.

탐구공동체는 서로 생각하도록 북돋우고 서로의 다양한 생각을 나누고 학습하는 공동체로, 탐구와 공동체라는 두 개의 기본적인 요소로 구성되어 있다. 탐구는 기본적으로 비판적이고 탐험적이며 호기심 많은 활동으로, 사려 깊고 신중하게 그리고 합리적으로 문제를 해결하는 것을 의미한다(Lipman, 1991; Sharp, 2004). Cam(1995)은 특히 철학적 탐구를 위한 탐구공동체를 '철학적 탐구공동체'라고 명명하였다.

다시 말하면 철학적 탐구공동체란 자신들에게 중요한 문제들을 정교하게 다루는 어린이들의 모임으로 철학적 탐구공동체에 속한 어린이들은 서로의 말을 경청하고, 이야기 가운데 내재해 있는 가정(전제)이 무엇인지를 물으며, 그에 대한 실례와 반례를 들기도 하고, 이유와 근거를 물으며, 각각의 논지의 차이를 잘 구별해 내고, 서로의 아이디어를 구성해 가며, 현재 진행되고 있는 탐구에 열심히 참여한다.

또한 어린이들은 탐구 중에 순서를 지켜 이야기하는 법을 배우고, 상대방의 표정을 읽기도 하며, 말 뒤에 숨은 의미가 있는지 귀 기울여 듣고, 한 가지 이상의 여러 견해를 듣고서 중심 주제와 문제를 두루 살핀다.

Sharp는 「탐구공동체: 민주주의 교육」이라는 논문에서 "탐구공동체는 대화의 기술, 문제제기 능력, 반성적 탐구, 올바른 판단력 등을 계발시켜 주며 민주적인 사회에 능동적으로 참여하는 데 전제조건이 되는 공동체 의식을 증진시켜준다"(Sharp, 1991)며, 교실이 탐구를 통한 민주적인 공동체가 되어야 한다는 교실의 탐구공동체를 강조한다(Sharp, 2004).

어린이 철학교육이 방법론 측면에서 왜 철학적 탐구공동체 활동으로 이루어져야 하는지 이에 대한 IAPC의 논의는 다음의 다섯 가지로 정리될 수 있다.

첫째, 철학적 탐구에 있어서 어린이들의 자발적인 참여를 유도하기 위해서는 흥미가 중요한데, 어린이들은 천성적으로 또래집단을 좋아하고 남들과 어울리기를 좋아하기 때문에 이를 촉발시키고 유지시키려면 또래집단과 어울리게 하는 공동체적 활동을 제공해 주어야 한다. 어린이들이 철학적으로 생각하도록 고무되어질 때 교실은 자연스럽게 탐구집단으로 전환된다.

둘째, 어린이들은 공동체 속에서 타인의 다양한 관점과 다양한 개성을 만나며, 그를 통해 인간을 이해하고 세계를 이해하는 대인 감수성을 기를 수 있기 때문이다. 어린이들은 감수성을 바탕으로 타인에 대한 관심과 존중, 감정이입과 배려적 사고를 키워나갈 수 있다. 이러한 배려적 사고는 탐구의 기본 내용인 비판적 사고와 창의적 사고가 일어나는 동인이 되며 건전한 사고를 이끄는 방향을 제시해 준다.

셋째, 주체적인 사고를 기른다는 측면에서도 탐구는 공동체를 통해 이루어져야 한다. 주체적인 사고란 독립적인 사고로, 자기 나름의 기준을 가지고 사고할 수 있을 때 가능한 일이다. 그러나 그 기준의 설정은 자기 마음대로 이루어지는 것이 아니라 누구나 믿을 만한 것이어야 한다. 따라서 자신의 기준이 정말로 믿을 만한 것인지를 검토하고 평가해 주는 또 다른 기준들, 즉 타인의 관점들이 필요해진다. 나의 기준이 정당한지 타인들과의 공동체적인 탐구를 통해서 검토할 필요가 있는 것이다.

넷째, Vygoksky(1978) 이론에 근거해 볼 때, 어린이들은 이해 가능한 수준에서 제시되는 교사의 질문과 비슷한 수준에 있는 친구와의 대화를 통해 추상적인 개념을 이해하고 추론의 과정을 익혀 가며 새로운 탐구를 하게 된다. 그러므로 교사와 동료들이 함께 탐구해 나가는 공동체적 접근은 어린이들에게 필수적이다.

다섯째, 언어적인 측면에서도 공동체적 접근은 중요한 전제로 생각할 수 있다. 토론은 사고에 기초를 두고 있고, 사고는 말하기에 의존하기 때문이다(Splitter & Sharp, 1995). Splitter와 Sharp는 토론에 참여하는 것과 탐구를 구성하고 있는 사고 기능을 형성하는 것은 서로 연관되어 있다고 하였다. 사려 깊은 사람은 자기의 마음속에 대안적인 관점을 설정한 다음 융통성 있게 사고하는 내면화된 대화의 과정을 수행한다.

이상의 내용을 종합해 볼 때 어린이 철학교육에서의 탐구공동체는 다른 사람과의 대화의 경험을 바탕으로 자신과의 내적인 대화, 즉 사고를 발전시켜 유아들에게 중요한 의미를 지니는 철학적 개념들을 함께 탐색하게 하고 추론하게 하는 공동체이며, 유아들이 철학적 문제에 관해 대화하도록 하기 위하여 문학 작품을 매체로 활용한다. 철학적 탐구공동체 안에서 유아에게 상위차원의 사고인 비판적 사고, 창의적 사고, 배려적 사고를 통합적으로 학습할 수 있는 대화법과 문학의 활용법에 대해 살펴보면 다음과 같다.

2. 대화법

철학적 사고는 '스스로 사유함'에서 시작되는 소크라테스의 대화법을 기초로 한다. 소크라테스 대화법이란 사람들로 하여금 자신에 대하여 깨닫도록 하고 스스로의 의견이 실제로 무엇을 의미하는지를 밝혀 알게 하는 대화 방법이다. 소크라테스가 질문자가 되어 대화를 이끌어 가며 소크라테스는 자기가 던진 질문에 답을 주지 않고 대화의 상대방이 답하게 함으로써 스스로의 생각을 음미해 볼 수 있게 한다. 소크라테스의 질문은 아주 일상적이면서 철학적으로 중요한 문제에서 시작하며 상대방의 견해에 숨어 있는 모순된 주장을 지적해 줌으로써 좀 더 포괄적인 견해를 가지도록 하자는 것이다. 이렇게 '스스로 사유함'에서 시작되는 소크라테스의 대화법은 근본적인 철학하는 방법으로서, 또한 윤리적 탐구의 전형적인 모델로서 철학수업의 독특한 방법적 면모를 가장 잘 나타내주는 방법이라 할 수 있다(소홍렬, 1987). 즉, 철학의 본성을 확립하는 길은 질문 활동과 토론이다(Lipman, 1980). 잘 듣고 반성하는 습관은 사려 깊은 토론의 기초이다. 그리고 철학적으로 훈련되고 다듬어진 토론은 어린이의 추론과 탐구기술을 다른 무엇보다도 효과적으로 향상시켜 준다(Lipman, 1985). 성공적인 철학교육이란 어린이로 하여금 비판적 질문행위와 창조적 반성에 참여하도록 하는 것이다.

어린이의 철학적 사고를 고무시키기 위해 교실상황에서 교사가 할 수 있는 일은 어린이의 사고를 촉발하는 산파의 역할을 하는 것이다. 따라서 교사는 어린이들이 계속 철학적인 자각을 할 수 있는 가능성을 높여 주도록 환경을 조성하고 철학적 동화의 각 에피소드에서 주제를 도출해 낼 수 있고, 어린이들이 그러한 주제들을 자신의 것으로 소화시킬 때 어려움을 겪는 경우 그것들을 자신의 경험에 관련지어 줄 수 있다. 또한 사람들의 생활에 철학이 직접적으로 어떠한 변화를 가져올 수 있는가를 알려줄 수 있으며, 질문을 함으로써 어린이들로 하여금 자기만족이나 독단에 빠지지 않고 삶의 지평을 확대시킬 수 있도록 대안적 견해들을 소개할 수 있다. 마지막으로 그들이 설정한 가정에 대한 검토와 보다 포괄적인 해답을 구할 수 있도록 조언할 수 있다(Lipman, 1980).

특히 교사는 적절한 질문을 함으로써 어린이로 하여금 숙고하고 반성할 수 있는 계기를 마련해 주어야 한다. 교사가 활용할 수 있는 질문이란 어린이의 의견을 유도하는 질문, 어린이의 견해를 명료화하게 하는 질문, 자신의 견해를 해명하게 하는 질문, 어린이의 표현을 해석하는 질문, 무모순성을 추구하는 질문, 가정이나 전제의 정당성을 묻는 질문, 어린이가 지지하는 신념이나 의견의 논거를 요구하는 질문, 새로운 대안을 도출하고 검토하게 하는 질문 등이다(Lipman, 1980). 교사가 어린이의 사고를 촉진하는 질문의 구체적인 예의 유형은 다음과 같다.

① 유아의 의견을 유도하는 질문

- 이 이야기에서 재미있었던 부분이 있다면 어느 부분이지? 왜 그 부분이 재미가 있다고 생각해?
- 이 이야기 중에서 잘 이해되지 않는 부분이 있니?

- 지금의 이야기에서 친구들과 함께 생각해보고 싶은 부분이 있니?

② 유아의 견해를 명료화하게 하는 질문
- 좀 더 자세히 설명해 줄 수 있겠니?
- 네가 ~라고 한 말이 무슨 뜻이니?
- 예를 들어 볼 수 있니?

③ 자신의 견해를 해명하게 하는 질문
- 다시 한 번 네가 말하려는 요점을 간략하게 말해줄 수 있겠니?
- 네가 말한 것을 이렇게 요약할 수 있을까?

④ 유아의 표현을 해석하는 질문
- 방금 네가 말한 것이 무얼 의미하는지 설명해줄 수 있겠니?
- 내가 잘 이해했는지 모르지만, 한마디로 말해 ~라는 말이니?

⑤ 무모순성을 추구하는 질문
- 조금 전에 네가 ~라고 말을 했을 때와 지금 네가 ~라고 말할 때가 다른 의미로 말하는 거니, 똑같은 말이니?

⑥ 가정이나 전제의 정당성을 묻는 질문
- 네가 그렇게 말한 것은 ~라는 생각에서 말했던 거니?
- 네가 그렇게 믿고 있는 것은 ~라는 말과 같지 않니?
- 내가 ~라고 생각한 것은 그것을 정확하게 이해한 거니?

⑦ 유아가 지지하는 신념이나 의견의 근거를 요구하는 질문
- 네가 ~라고 말한 이유는 무엇이지?
- 네가 ~라는 걸 어떻게 알았니?

- 그러면 그건 확실한 것일까?
- 왜 그렇게 생각하는지 말해줄 수 있겠니?

⑧ 함축된 의미와 결과를 탐색하는 질문
- 네 말대로 하면 이 경우에는 어떻게 될까?
- 모든 사람들이 다 네 생각대로 하면 어떻게 될까?
- 나중에는 어떻게 될 것 같니? 왜 그렇게 된다고 생각하니?

⑨ 새로운 대안을 제시하게 하는 질문
- 그것 말고 누군가 다른 의견을 가지고 있지는 않니?
- 너처럼 생각하지 않고 다르게 생각할 수도 있을까?
- 너와 다른 생각을 갖는 사람은 뭐라고 말할까?

질문을 통해서 어린이의 철학적 사고를 유도하는 일은 쉽사리 이루어지지 않는다. 이러한 기술은 교사 자신의 부단한 노력을 통해서만 터득할 수 있다. 교사는 어린이의 철학적 대화 및 토론을 활발하게 하기 위하여 교사 자신이 어린이를 잘 이해하고 철학적 문제에 민감하여 일상 활동 속에서도 철학적 탐구와 관련한 관심을 나타내야 하며, 교사 자신의 특정한 가치관을 주입 또는 교화하지 않도록 주의하고, 어린이의 철학적 사고 함양의 출발점은 어린이임을 자각하여 어린이의 의견을 존중하며, 어린이의 비판을 교사가 공정하게 검토하리라는 신뢰감을 형성하도록 노력해야 한다(Lipman, 1980).

Fisher(1998)는 소크라테스식 대화를 촉진하고 사고를 확장하는 방법에 있어 교사는 어린이에게 질문을 한 후에 최소한 3초의 시간을 제공하여 주제에 대해 생각할 시간을 주어야 하고(Perrott[1982]와 Wilen[1987]은 최소한 5초는 기다려 주어야 효과적이라고 말함) 어린이가 다음에 말할 사람을 지명할 수 있도록 하며, 토론 전 · 중간 · 후에 "지금 우리가 한 이야기에 대해 질문이 있는 사람?", "궁금한 점이 있는 사람?" 등을 물어서 어린이가 자신의 질문을 하도록 격려할 것을 제안한다.

이같이 질문활동과 토론활동을 위한 교사의 노력과 함께 참여자들이 지켜야 할 규칙도 있다(Sharp, 1983). 각자의 생각을 일상 언어로 표현할 것, 의견 제시 때 이유를 밝힐 것, 토론과 관계없는 주제는 끌어들이지 말 것, 토론 주제의 변경은 참석자 전원의 의견을 물어서 결정할 것, 다른 사람이 요구하면 자신의 진술에 깔려 있는 가정을 살피고 그 가정을 옹호할 수 있을 것, 진행되고 있는 탐구에 참여할 것, 토론 중 권위가 그 문제에 관여되지 않는 한 권위 사용은 억제할 것, 발언권은 한 사람에게만 주어질 것, 모든 참석자를 진리의 자원으로서 존중하며 상대의 의견에 동의하지 않더라도 서로 신중하게 듣고 동료의 의견 개진을 도울 것, 자신의 입장이나 말하고자 하는 바를 생각에 그치지 말고 대화로 이끌 것, 서로간의 생각에 기초하며 또한 공동의 탐구에 개인의 견해를 복종시키기도 할 것 등이 그 규칙이다. 이러한 규칙들은 절차적 규칙으로서 유아 스스로 토론 중에 발달시켜야 할 것들로, 기본적으로 토론에 대한 능동적인 참여와 상호 신뢰 및 공정한 분위기 등 배려적 사고가 기초가 된다고 볼 수 있다.

한편 토론의 과정은 역동적 변화로 설명된다. 토론 활동의 초기에는 교실에서의 대화와 토론이 교사를 경유하여 이루어지다가 점차 공동체 구성원에 의해 적절하게 이루어진다. 다시 말하면 토론에서 교사를 중심으로 이루어지던 교사-유아 상호작용이 점차 교사 중심에서 벗어나 유아-유아의 상호작용으로 변화되는 것이다(Lushyn, 2002; Niklasson, Ohlsson & Ringborg, 1994; Spiltter & Sharp, 1995; Wilks, 1995). 즉, 유아 주도적인 토론이 이루어지게 되며 Santi(1993)에 따르면 교실 토론에서 교사의 개입 빈도가 30% 미만인 것이 적절한 것으로 나타났다.

조선희 · 유연옥(1999)의 연구에서 철학적 탐구공동체 활동의 실시에 따른 교실 상호작용의 사전 · 사후 검사의 교사-유아 상호작용의 변화를 분석한 결과, 사전 검사의 토론에서는 교사 중심으로 이루어졌지만 사후 검사의 토론에서는 유아-유아의 상호작용이 나타났다. 또한 33명의 유아가 사전 · 사후 검사의 토론 참여 정도에서는 사전 검사의 토론에 참여한 유아는 27.27%였고, 사후 검사의 토론 활동에 참여한 유아는 45.45%였다.

조선희(2000b)의 연구에서도 사고 교육을 위한 유아의 탐구공동체 활동에서 시간이 흐름에 따라 또래간 상호작용에 참여하는 유아수가 증가하였고, 유아의 발화수도 증가하였음을 보고하고 있다. 언어적 의사소통이 사고를 위한 일차적 도구이고(Fisher, 1998) 철학적으로 사고하는 능력이 대화와 토론을 통해 나타난다는 점에서 사고를 평가하는 방법으로 토론을 추적하여 평가한다(Costello, 2000; Fisher, 1998). 발화수는 토론에 대한 공헌과 참여도를 나타내는 하나의 척도가 된다. 김현경(2002)은 유아의 비판적 사고를 위한 토의 활동에서 남아와 여아의 비판적 사고는 차이를 보이지 않았지만, 토의 횟수가 증가함에 따라 참여하는 유아수와 유아의 발화수가 증가하였는데, 여아보다는 남아의 발화수가 증가하였음을 보고하고 있다. 그 이유는 남아가 자신의 의사를 적극적으로 표현하였기 때문이라는 것이다.

이상에서 살펴본 바와 같이 철학적 대화법은 유아로 하여금 숙고하고 반성할 수 있는 계기를 부여함으로써 다양한 관점과 관련 사항을 편견 없이 음미하고 일상적 가치나 기준, 실전 등을 지속적으로 섬토하는 개방적인 작업이 될 것이다. 상호 신뢰와 공정한 분위기에서 행해지는 그 같은 개방된 논의와 반성을 통해 유아의 배려적 사고와 윤리적 책임을 더욱 효과적으로 증진시킬 수 있으며, 토론의 과정에 역동적 변화가 이루어져 교사 중심적 토론에서 유아 주도적인 토론으로 변화된다는 것이 배려적 사고 탐구활동의 전제인 것이다.

3. 유아문학의 활용

철학이라는 것이 사람들에게 억지로 접해져야 할 것이 아님은 물론이다. 사람들 스스로 철학을 즐기도록 동기화되어야 하는데 그 같은 동기 부여의 가장 적절한 방법은 문학 작품의 활용이다. 유아문학은 성장기 유아의 정서와 심성의 순화에 영향을 미쳐 어린이를 건전한 사회적 인간으로 성장하도록 인도하려는 목적을 가지고(김세희, 2000), 상상력과 도덕성 등 여러 영역의 발달에 도움을 주는 교육적 지원체계의 하나이다. 오늘날도 철학을 널리 그리고 일찍이 보급할 수 있는 새로운 교육과정을 개발하는 데 있어서 문학적 표현 방식은 중요한 도움이 될 수 있다(Lipman, 1980). 유아들이 평소에 즐겨 읽는 전래동화, 창작동화가 철학교육에 어떻게 활용되는지, 그리고 철학동화에 대하여 알아보고자 한다.

1) 동화

철학교육에 활용되는 동화로 전래동화와 창작동화를 살펴보면, 먼저 전래동화는 옛날부터 전해 내려오는 이야기로 신화 · 전설 · 민담 등의 민간설화 중 동심을 바탕으로 하여 꾸며진, 일정한 구조를 가진 이야기이다. 전래동화에는 민족 집단의 문화 유산으로 조상들이 겪어온 삶의 다양한 체험, 사상, 감정, 지혜, 용기, 가치관, 신앙 등이 용해되어 있다. 다시 말해 전래동화는 과거 조상들의 삶의 원형적인 요소를 비롯하여 충 · 효 · 우애 · 신의 등의 윤리의식을 담고 있는 것이다. 우리나라의 많은 전래동화는 아무리 짧은 이야기일지라도 그 안에는 철학적 사고, 특히 '배려'나 '배려적 사고'를 함축하고 있다. 이러한 까닭으로 전래동화를 통해서 어린이의 가치관을 형성시키고 배려적 · 윤리적 사고를 촉진시킬 수 있는 교육 가능성에 대한 기초연구가 진행되어 왔다(김영주, 1998; 박보연, 2007; 정대련, 1990).

전래동화를 함께 읽은 유아들은 문학적 감상을 서로 나누며 그 함축된 도덕적 의미를 밝히는 대화로 자연스럽게 발전할 수 있다. 여기에 문학과 교육의 교류가 생기는 것이다(석용원, 1983). 문학교육은 작품을 통하여 상상력, 창조력, 통찰력, 심미성, 도덕성을 기르며 바람직한 인간을 형성하고자 한다. 동화 내용과 자신의 경험을 관련지어 생각하도록 하는 질문은 유아로 하여금 동화 속 인물의 도덕적 감정과 생각을 자신에게 적용할 수 있게 하며 구체적인 도덕적 문제 상황을 제시해 줌으로써 공통된 경험을 형성하고 그 경험을 토대로 도덕적 문제 해결을 위해 함께 탐구하게 하는 것은 도덕교육의 효과를 배가하는 일이 될 수 있다. 즉, 전래동화를 교재로 소크라테스의 대화법을 활용한 탐구활동은 유아의 배려적 사고를 증진시킬 수 있을 것이다.

일례로 우리나라의 전래동화 「의좋은 형제」는 배려적 사고 유형 중 감정이입적 사고가 잘 함축되어 있다.

> 열심히 농사를 지어 가을이 되자 추수한 두 형제의 낫가리의 볏단이 똑같았다. 그래서 동생은 형님의 처지를 생각해 몰래 자기 낫가리의 볏단을 형님의 낫가리에 쌓았고 형님 역시 동생의 처지를 생각해 자기 낫가리의 볏단을 동생의 낫가리에 쌓았다. 낫가리의 벼가 줄지 않아 두 형제가 이상하다고 생각하던 중 형님은 일찍 논으로 나가 볏단을 안고 동생의 낫가리로 갔는데 저만큼에서 벼를 안고 이쪽으로 걸어오는 동생의 모습이 보이자 두 사람은 놀라서 멈추어, 서로 얼싸안고 기쁨의 눈물을 흘린다.

이 이야기의 주제는 우애를 바탕으로 형제에게 행한 이타적인 행동에 관한 것이다. 서로를 소중히 여기는 마음으로 동생은 형님을, 형님은 동생의 입장에서 이해하고 더불어 상대방이 처한 상황을 고려하여 표면적으로 드러나지 않게 세심하게 주의를 기울려 배려를 행하는 모습을 보인다.

또한, 창작동화 역시 철학교육의 매체로 활용된다. 유아들은 창작동화를 통해 동화 속의 주인공과 자신을 동일시하면서 함께 공감하고, 다양한 문제와 사건을 접하면서 새로운 해결 방법을 탐색하면서 자신의 생활을 돌아볼 수 있는 반성적 사고 과정의 기회를 얻는다. 따라서 문학 작품의 선정은 철학교육과 직결되는 것으로 그 중요성이 매우 크다. 이를 위한 문학 작품으로는 유아의 철학적 호기심을 자극할 수 있어야 한다. 즉, 유아가 주변을 관찰하거나 성인에게 물어보거나 책을 통해서 쉽게 해결할 수 없을 것 같은 질문을 제기하거나 탐색하도록 하는 동화를 말한다. 동화의 등장인물들이 철학적 토론 활동이나 상위차원의 사고 모델을 보여주는 동화가 적절하다. 동화의 등장인물이 철학적 질문을 만들고, 자신의 행동이나 말에 대한 이유를 제시하고, 주어진 문제에 대해 해결책을 제시하고, 스스로 자기 수정적 사고를 보여주는 동화가 적절하다. 그리고 대화가 풍부한 동화가 적절하다. 동화 속의 대화는 유아가 토론에서 사용할 대화의 실례가 되며 자신의 생각을 수정하는 실례가 들어 있는 동화가 적절하다. 또한 행동에 대한 옳고 그름을 판단하게 하는 요인이 무엇인지를 생각해 볼 수 있도록 하는 윤리적 탐구를 가능하게 하는 동화, 어린이의 상상력을 방해하지 않고 실제로 자극하는 그림이 있는 동화가 적절하다(Cam, 1995; Fisher, 1997). 이를 통해 유아들은 자신의 생각을 반성해 보는 경험을 하며 상위차원의 배려적 사고를 보다 강화시킬 수 있다.

일례로 Leo Lionni의 「프레드릭」(Fredric)은 배려적 사고 유형 중 나와 다른 타인의 존재가치를 인정하는 가치부여적 사고가 함축되어 있다(정대련 · 이춘희, 2002).

들쥐들은 밤낮없이 열심히 일했습니다.
단 한 마리, 프레드릭만 빼고 말입니다.

"프레드릭, 넌 왜 일을 안 하고 있니?" … (중략)

"나도 일하고 있어. 난 춥고 어두운 겨울날들을 위해 햇살을 모으는 중이야." … (중략)

"프레드릭, 지금은 뭐해?" "색깔을 모으고 있어. 겨울엔 온통 잿빛이잖아." … (중략)

"프레드릭, 너 꿈꾸고 있지?" … (중략)

"아니야. 난 지금 이야기를 모으고 있어. 기나긴 겨울엔 얘깃거리가 동이 나잖아."

(프레드릭, p.10-16)

「프레드릭」에서 밤낮없이 일하는 들쥐들에게 일하지 않는 프레드릭의 행동은 이해되기 어렵다. 우리는 흔히 외형적인 것을 통해 타인을 이해하는 경우가 많다. 따라서 타인의 행동이 생소할 수 있고 그에 대해 적대감을 가질 수 있다. 들쥐들은 열심히 먹이를 모으고 프레드릭은 열심히 햇살과 색과 이야기를 모은다. 무엇에 관심을 갖는가에 따라 추구하는 가치세계가 달라지고 행동이 달라지는 것이다. 타인에 대해 우리가 할 수 있는 일은 그를 알고자 노력하는 것이다. 인간들 사이에 발생하는 오해와 갈등은 그들 사이의 불일치 때문에 발생한다. 우리는 부지불식간에 일정한 범주 속에 상대를 포함시켜 바라보는 습관이 있다. 프레드릭을 이해하지 못했던 들쥐들은 기나긴 겨울날, 그의 이야기를 듣고 추위와 배고픔을 잊고 행복해 하며 그를 고유한 자아의식을 가진 시인으로 인정하고 존중한다. 이제 프레드릭은 들쥐들에게 세상에 대해 풍부한 의미를 제공해 주는 존재일 뿐 아니라 들쥐들이 존중하는 존재이다. 들쥐들의 애정 어린 시선이 프레드릭을 자기 자신의 소중한 삶을 살아가는 한 주체자로서 새롭게 태어나게 한다.

2) 철학동화

수업 시간에 어린이들이 철학적 문제에 관해 대화하도록 하려면 어떻게 해야 하는가? 어린이들에게 직접 추상적인 설명을 가르치기 어렵다는 것을 의식한 Lipman과 Sharp는 철학 교수 방법의 하나로 어린이를 위한 철학교재의 필요성을 강조하였다. 철학동화는 철학적 내용과 방법을 소설적 양식이 갖는 자유 자재함을 빌려, 쉽고도 친근하게 또 흥미롭게 전달하자는 것이다(Lipman, 1980). 철학동화는 어린이들이 읽는 중에 논리적 · 윤리적 · 미학적 성격의 여러 철학적 문제들을 비체계적으로나마 어느 정도 습득할 수 있도록 구성되어 있다. 철학동화는 어린이들이 등장인물의 생활환경이나 습관 및 인격 등을 자신과 쉽게 동일시할 수 있도록 씌어졌으며, 내용은 주로 어린이들의 생활에서 있을 수 있는 짧고 일상적인 사건들에 관한 것이다(Freese, 1993). 또한 철학동화는 어린이들이 예술 작품을 좋아하는 데 착안하여 어린이의 용기를 북돋워 주고, 어린이 스스로 생각해 보도록 하며, 어린이의 세계에 밀착된 어휘와 표현을 구사함으로써 효과적인 교재가 되도록 꾀하고 있다(Lipman, 1980).

IAPC 프로그램에서 제작한 교재는 철학소설로서 교사 지침서와 함께 유치원 유아에서 고등학교 학생까지를 대상으로 하여, 각 학년별로 다음과 같이 계열화된 내용으로 구성되어 있다.

- 유치원(K학년): 유아용 철학동화는 「The Doll Hospital」과 「Geraldo」 2편이 이에 속한다. 「The Doll Hospital」의 지침서는 〈나의 세계 이해하기〉(Making sence of My world)이다. 내용은 주인공인 유아가 자신이 인형과는 달리 사람이라는 것을 깨달아가는, 자신의 정체성을 이해하는 과정을 담고 있는 유아용 철학적 사고의 입문서이다. 「Geraldo」의 지침서는 〈우리 소리 발견하기〉(Discovering our voice)이

다. 내용은 주인공 유아가 다른 나라로 이사를 함으로써 새로운 언어와 문화를 접하는 과정을 담은 동화로, 유아로 하여금 다양한 언어의 차이와 다문화에 대한 인식 및 교육에 활용될 수 있다.

- 초등학년(1-6학년): 교재는 「Elfie」, 「Kio와 Gus」, 「Pixie」 그리고 「Nous」라는 소설이다. 교사 지침서는 각각 〈함께 생각하기〉(Getting Our Thoughts Together), 〈세계 탐색하기〉(Wondering at the World), 〈의미 찾기〉(Looking for Meaning), 〈어떻게 행동할 것인지 결정하기〉(Deciding What To Do) 등이다. 특히 「Nous」는 윤리 탐구의 초기수준의 교재로, 윤리적 개념의 분석에 중점을 두고 도덕적 행위의 맥락을 구성하고 있는 상황을 이해하고 읽는 능력을 기르는 데 주안점을 둔다.
- 중등학년(6-8학년): 철학소설은 「Harry Stottlemeier's Discovery」, 「Lisa」, 「Suki」이다. 교사용 지침서는 각각 〈철학적 탐구〉(Philosophical Inquiry), 〈윤리적 탐구〉(Ethical Inquiry), 〈쓰기: 방법과 이유〉(Writing: How and Why) 등이다. 그중 「Lisa」 소설에서는 윤리탐구방법(감정이입, 유비추론, 가설추론, 정당화, 보편화 등)을 사용하여 공정함의 의미가 무엇인가, 거짓과 참의 차이, 무엇이 가치가 있는가, 권리란 무엇인가, 동물과 어린이들은 권리가 있는가, 동물 보호와 학대 예방법은 무엇인가, 정의, 우정 그리고 사랑, 성차별이 있는가? 등 다양한 사회윤리적 탐구가 가능한 내용으로 구성되어 있다.
- 고등학년(8-12학년): 철학소설 「Mark」가 있으며 윤리학, 인식론, 형이상학, 미학, 논리학과 같은 보다 진보된 철학의 전문적 영역에 의해 사고 기능을 강화한다. 「Mark」의 교사 지침서는 〈사회철학적 탐구〉(Social Inquiry)이다.

IAPC 프로그램에서 사용한 소설, 대상 학년, 교사 지침서, 철학적 영역, 그리고 교육적 영역을 정리하면 〈표 1〉과 같다.

〈표 1〉 IAPC 단계별 프로그램

아동소설	학년	연령	교사용 지침서	철학적 영역	교육적 영역
The Doll Hospital, Geraldo	K	3-6세	나의 세계 이해하기 우리 소리 발견하기	인간관 언어	진(眞), 선(善), 미(美) 다문화교육
Elfie	1-2	6-7세	함께 생각하기	추론적 사고	경험 탐색
Kio & Gus	2-3	7-8세	세계 탐색하기	자연	형이상학
Pixie	3-4	8-9세	의미 찾기	언어	언어와 예술
Nous	4-5	9-10세	어떻게 행동할 것인지 결정하기	가치	도덕 판단
Harry	6	10-12세	철학적 탐구	인식론과 논리학	논리적 사고기술
Lisa	7	12-13세	윤리학적 탐구	가치철학	도덕기술
Suki	8	13-14세	쓰기: 방법과 이유	미학	작문과 문학
Mark	9-12	14-16세	사회철학적 탐구	사회철학	사회교육

(IAPC, 2007 참조)

이상에서와 같이 어린이를 위한 철학교재는 철학소설과 전래동화 및 창작동화 또는 아동용 소설, 그림책, 교과과정에 참고 자료가 되는 이야기 등 다양한 자료를 이용할 수 있다. 그리고 철학동화를 활용한 철학 프로그램은 비판적 · 창의적 · 논리적 사고 발달과 더불어 언어, 수학, 과학 학습 증진에 영향을 미친 것으로 증명되었다.

제 2 장 배려적 사고와 철학적 탐구공동체

철학적 탐구공동체 활동은 대화법을 활용한다. 탐구공동체란 상호 이익에 대한 문제들에 대해 같이 토론하기 원하는 사람들의 집단으로서, 이 안에서 협력적이고 비경쟁적인 방식으로 비판적이고 창의적이고 배려적 사고를 촉진시키는 과정이 이루어진다.

탐구공동체는 의례(儀禮, ritual)에 참여하는 것이다(Sharp, 2006). 공동체의 참여자들은 개인들로서 서로에게 주목하는 법과 경청하는 법을 배우고 서로의 생각을 기반으로 하여 그 공동체에서 탐색한 관점에 그들 스스로의 자아들을 반영하는 데 도달하게 된다. 따라서 탐구공동체에 참여한다는 것은 의례에 참여하는 것으로 탐구 자체에 특정하게 의례화된 절차가 있다. 의례화된 절차를 살펴보면, 먼저 누군가의 의견을 공유하면 의견을 제시한 사람은 그 의견에 대한 근거를 제시하게 된다. 다른 사람은 제시된 근거를 경청한 후 이에 대해 질문을 할 수도 있다. 집단의 누군가가 반례나 대안적인 입장을 제시하면서 대화는 계속된다. 추론이 제시되면 그에 따른 질문이 제기되고, 가정들은 검승되며, 기준들이 요구되고 비판되기도 한다. 최종 판단을 고려하기 전에 때때로 결과들에 대해 예측 또는 내포성이나 일관성이 요구된다. 마지막으로, 공동의 탐구는 집단의 행동에 대한 평가를 요구한다. 의례 그 자체는 모든 집단 구성원들의 존엄성을 돕고 증진시키기 위한 관심에 의해 나타나는 창의적인 힘이며 그것은 각각의 참여자의 성장뿐 아니라 탐구 그 자체에 대한 헌신을 표현한다. 또한 그것들은 모든 참여자에 대한 배려와 관심, 즉 영속적인 연합과 조화를 촉진시키는 미적인 형식이 주어진 내용을 표현한다. 그러므로 탐구공동체의 의례에 참여한다는 것은 인간의 자유와 인간성의 가장 상위차원인 표현들 중 하나가 된다.

탐구공동체는 배려의 온실(the hotbed of care)이다(Sharp, 2004). 탐구공동체는 어린이들에게 가치, 사물, 아이디어, 이상(ideals) 그리고 어린이들이 배려하는 사람들을 깨달을 수 있는 기회를 제공한다. 또한 어린이들에게 이성적 · 사회적뿐만 아니라 정서적으로 성장할 수 있는 기회를 마련해 준다. 이러한 맥락에서 어린이들은 진실된 대화, 인간으로서의 서로에 대한 존중, 상호 신뢰와 다양한 수준에서 의사소통할 수 있는 능력이 향상됨을 경험한다. 서로에 대해 진지하게 생각함으로써 생기는 신뢰의 향상은 감정교육에서 값을 매길 수 없을 만큼 귀중하다. 공동탐구를 하는 시간과 연습을 통해 그들은 교사들과 친구들이 자신을 인간으로서 진정으로 배려한다는 것을 깨닫게 된다. 어린이들은 잠재적 능력이 차이를 만들 수 있다고 믿게 된다. 반대로, 이러한 깨달음은 어린이들이 다양한 것들에 배려하는 것을 가능하게 하고 세상에 대한 용기와 희망으로 그들의 행동을 자극한다.

탐구공동체는 '관계를 맺어가는' 사회적 자아(social self)이다(Lipman, 1996). 철학적 탐구공동체 활동은 무엇보다도 인간을 하나의 독립된 개체로 바라보기보다는, 사회적 맥락에서 외부적 자극과 내부적인 반응을 역동적으로 가동하여 '관계를 맺어가는' 사회적 자아로 본다. 개인의 독특성, 주체성도 사회적 환경 속에서 산출되어지는 하나의 과정(process)으로 보기에 미래를 향해 열린 개념이다(Lipman, 1996). Lipman의 '사회적-상호적 탐구 방식'은 궁극적으로 그 구성원의 성숙과 공동체 전체의 성장을 목표로 하는데, 여기에는 단순히 '문제 해결' 능력만을 배양하는 것이 아니라 서로를 인격으로 대우하는 배려적 사고가 크게 작용한다는 것이다. 여성주의 철학자 Noddings의 배려의 윤리와 배려적인 측면은 같은 맥락으로 이해할 수 있겠으나, 이 탐구 방식에서의 배려의 의미는 공동체 안에서 상호작용하는 인지적 요소가 보다 강조되는데, 이것은 탐구공동체가 끊임없이 '철학하기'를 하게 하는 원동력이라고 생각하여 철학하기를 '사랑하는 힘'의 성향과 연결될 수 있다고 본다(이지애, 2001). 따라서 탐구공동체를 '사랑하는 힘'의 성향으로 볼 때, 탐구공동체는 배려적 사고를 증진시키는 온실이라고 할 수 있다.

탐구공동체는 공동선(common good)을 지향한다(Sharp, 2004). 배려적으로 사고한다는 것은 윤리적 · 정서적 · 규범적 · 가치적으로 생각하고 공동선에 대한 염려로 사회에 적극적으로 참여하는 것을 말한다. 사실 무엇을 배려하는지는 우리가 어떻게 행동하고, 참여하고, 만들고, 기여하고 타인들과 어떻게 관계를 맺는가에서 드러난다. 사고하는 것은 우리가 가치 있게 생각하는 것이 무엇인지, 무엇을 위해 싸우고 견딜 준비가 됐는지뿐만 아니라 우리의 이상을 드러내는 것이다. Sharp는 이러한 배려적 사고의 촉진을 위한 특별한 환경을 제안한다. 바로 공동의 탐구과정과 교실 탐구공동체의 민주적 환경을 말하는 것이다. 따라서 교실 탐구공동체에서는 비판적 · 창의적 · 배려적이라는 세 가지 사고의 향상이 촉진된다. 모두 중요하지만 그중에서도 배려적 사고가 상호적 탐구(communal inquiry)에 중요한 민주적 토론을 가능하게 하는 데에 가장 중요하다. 배려적 사고는 단결력 생성, 가치의 보존 및 인간 관계의 생성에 초점을 맞춘다. 이를 통해 어린이들은 타인과 관계를 맺으면서 타인의 견해, 흥미, 관심사에 비추어 자신의 자아를 올바르게 생성하는 법을 배운다(Sharp, 2004; Thomas, 1997).

탐구공동체는 범세계적 지능(global intelligence)을 형성한다(Sharp, 2006 미간행b). 배려적 사고는 유아의 사고뿐만 아니라 감정(feeling)에도 영향을 미치는데, 유아들이 가치 있게 여기는 것을 보존하고 소중히 하고 칭송하며, 타인과 관련된 자아의 성장에 도움이 되지 않는 것을 제거할 수 있도록 장려한다. 또한 다양한 세계관의 이해 및 새로운 의미의 생성과 관련된 다양한 해석의 기술을 단련시키는 것도 배려적 사고로서 의사소통, 해석, 감정이입, 동정, 이해 및 토론과 관련되어 있다. 상호 대화적 탐구에 배려적 사고가 개입되면 범세계적 지능의 필수 구성 요소인 정서교육이 이루어질 수 있다. 배려적 사고는 유아에게 주어진 상황에서 정서의 합리성을 이끌어 냄과 동시에 관계의 지각, 토론, 이해 및 탐구를 촉진시킨다. 교실 탐구공동체 연습의 더 깊은 의미는 유아들이 스스로의 상호 인간적, 상호 주관적 세계의 의미를 믿게 되고 원칙적으로는 그들의 의식이 그러한 의미와 연결될 수 있다는 것이다. 이러한 면에서 공동탐구를 실행한다는 것 자체만으로도 의도를 수반하고 배려를 포함한다는 것이다(Sharp, 2004). 다시 말해서 탐구공동체에서 유아들은 서로에게 무슨 말을 하는지, 몇 개의 문제를 해결하는지, 어떤 질문을 탐구하기로 결정하는지뿐만 아니라 그들이 경험하는 전체 대화의 심미적이고 상호 주관적인 형태가 어떤지, 즉 그들은 서로가 협력하는 탐구자로서 보고, 느끼고, 놀라고, 사색하고, 사랑하고, 자율적이라는 것을 깨달을 뿐만 아니라 생각하고, 쓰고, 친구들과 교사와 폭넓은 인간 경험을 함께 하게 된다. 이것이 바로 배려의 경험이다. 이는 의사소통, 사랑, 결속, 창의력, 아름다움, 정의 그리고 선(善)과 같은 이상들의 공유와 함께 고통과 동정이야말로 진정으로 배려하는 사고를 통해 철학적 탐구공동체가 지속되는 것이다.

탐구공동체는 존재(presence)를 가르치는 중요한 요인이다. Richardson(1997)은 배려적 사고를 가르치는 것은 존재를 가르치는 중요한 요인이며 이는 탐구공동체의 맥락에서 가르칠 수 있다고 말한다. 이때 공동체는 실질적인 질문에 대해 진지하게 고려해야 하고 둘째, 의미를 일궈내기 위해 탐구가 진행되는 과정이 어떻게 일어나는지에 집중해야 하며 셋째, 탐구는 실질적이어야 한다. 즉, 삶의 방법을 알기 위해서 탐구는 실질적인 염려에 대한 것, 의미를 찾을 수 있는 방향으로 이뤄져야 한다. 이러한 탐구의 특질들이 공동체에 존재하면 여기에 참여한 개인은 공동체가 더 이상 존재하지 않을 때도 이러한 태도를 발달시킬 수 있고 개인의 의미 있는 탐구에도 적용할 수 있다. 그들은 처음부터 그랬던 것처럼 성장하며, 태도가 더 '철학적'이 된다. 따라서 일찍부터 유아로 하여금 탐구공동체의 경험을 부여함으로써 배려적 사고를 가르칠 수 있다.

탐구공동체 활동이 실시된 실험집단은 탐구공동체 활동을 실시하지 않은 통제집단보다 유아의 친사회적 행동 검사 점수가 높아 통계적으로 유의미하게 나타났으며 하위 영역인 나누기, 돕기, 배려하기 그리고 협력하기에서도 실험집단이 통제집단보다 유의미한 차이를 보였다(Jo&Yu, 1999). 즉, 유아들이 타인에 대한 배려지향성인 배려적 사고가 향상된 것으로, 이는 공동체를 형성하여 탐구 활동을 함으로써 배양되어진 것을 의미한다.

신인숙과 유연옥(2003)의 연구에서도 만 4세 아동 38명을 대상으로 주 4-5회 30분 정도 8주 동안 철학적 탐구공동체 활동을 실시한 결과, 탐구공동체 활동을 실시한 실험집단의 유아들이 기본 생활습관 형성에 효과적인 것으로 나타났다. 즉, 청결, 질서, 예절, 절약의 기본습관 형성은 남과 더불어 사는 궁극적인 인간관계를 형성하는 기본적인 자질을 구성하는 것으로, 가정과 사회가 공유하고 실천해야 하는 가치와 규범이 철학적 탐구공동체 활동에 의해 배양되어짐을 의미한다.

IAPC 탐구공동체 수업 모형을 재구성하여 초등학교 사회 · 도덕과 교과수업에 적용한 결과, 탐구공동체 활동은 아동의 도덕적 사고력 함양에 긍정적인 효과가 있었다(신화영, 2003; 이남주, 2006; 임경애, 2003; 정한식, 2001). 철학적 탐구공동체 활동은 타인에 대한 존중심, 타인과의 협력, 배려적 사고력을 함양하고, 함양된 배려적 · 도덕적 사고력을 바탕으로 하여 학교현장에서 일어나고 있는 따돌림 문제 등 다양한 도덕문제 사태가 해결되었으며, 합리적 사고력과 도덕적 민감성을 향상시키는 대안이 될 수 있음을 알 수 있다.

이처럼 철학적 탐구공동체 활동은 배려적 사고를 배양하고 민주시민으로서 가져야 할 가치관과 규범을 형성하는 대안책이 될 수 있다고 하겠다.

제 3 장

유아를 위한 철학적 탐구공동체 활동

배려적 사고는 윤리적 탐구와 관련되며 도덕문제에 관하여 철학적으로 사고하는 것이다. 그리고 철학적으로 사고한다 함은 스스로 사고하기, 즉 주체적 · 적극적으로 자신의 사고를 구성해 가도록 하기 위한 방법으로서, 유아의 사고 교육에 있어 무엇보다 필수적인 요소이다.

현대 사회에서의 도덕교육은 윤리적 탐구를 통해 합리적이며 올바른 가치 판단을 목적으로 이루어져야 한다는 주장이 제기되었다. 이는 도덕적 인간을 양육하기 위해서는 바람직한 사고 능력, 판단 능력의 함양이 우선되어야 한다는 것을 의미하는 것으로 사고의 영역으로서 배려적 사고의 도덕교육과의 연계성을 당위적으로 나타내는 것이다.

유아로 하여금 건전한 도덕적 판단에 도달하게 하려면 주변 상황에 대한 윤리적 감수성 또는 배려의 태도를 계발시켜야 한다. 유아에게 도덕적 결정을 강요하거나 차원 높은 도덕적 의사 결정 단계로 이끄는 일보다 더욱 중요한 것은, 도덕적 판단의 본질과 궁극적으로 자신의 도덕이 무엇을 지향하는지를 알도록 해주는 것이며, 그 방법으로 배려적 사고가 제시되어야 한다. 즉, 사고와 탐구 및 삶의 과정 속에서 대면하는 각 측면의 다양성에 대해 여러 차원에서 관계를 찾아내고 숙고와 추론을 통해 의미를 발견해 나가며, 이를 통해 스스로의 삶은 물론 자신이 속해 있는 세상을 더 깊고 더 풍부하게 이해하게 되는 것이다(Sharp, 2004).

이상에서 확인되는 바, 철학적 탐구공동체는 배려의 장(場)이라고 할 수 있다. 철학적 탐구공동체 활동은 철학적 탐구로서 철학교육의 목표인 추론 능력의 향상, 창조성의 계발, 개인과 대인 관계의 성장, 윤리적 지성의 계발, 경험 중에서 의미를 발견하는 능력이 계발됨과 동시에 윤리적 탐구로서 유아로 하여금 배려적 사고와 깊이 관련됨을 단적으로 알 수 있다.

그렇다면 유아교육 현장에서 인간 존중을 바탕으로 한 배려적 사고를 어떠한 방법으로 실현시킬 수 있는가? 유아교육 현장에서 구체적으로 유아의 주체적 · 적극적 사고를 도모하고 도덕성을 지향하는 배려적 사고를 구성하도록 돕는 교수 방법을 살펴본다.

1. 교재로서의 철학동화 선정

Lipman과 Sharp 등(1980)은 철학 교수 방법의 하나로 어린이를 위한 철학 교재의 필요성을 강조한다. IAPC 프로그램에서 제작한 교재는 철학소설(동화)로서 교사 지침서와 함께 유치원에서 고등학생까지의 학생들을 대상으로 하여 각 학년별로 내용이 계열화되어 있다.

IAPC 프로그램의 학년별 교수 내용은 앞에서 제시한 〈표 1〉과 같다.

IAPC의 어린이 철학 프로그램 중 「The Doll Hospital」과 「Geraldo」는 아직 글을 읽지 못하는 유아들을 위하여 쓰여진 철학동화이다. 「The Doll Hospital」과 「Geraldo」는 스토리가 전개되는 중에 삽입되는 등장인물의 대화를 통해 다양한 문제가 제기되고, 등장인물이 모두 함께 그것에 관해 사고하고 토론하는 대화체로 묘사되어 있는 동화 형식의 교재이다. 즉, 지식체계 위주로 짜여진 교과서가 아니고 이야기를 중심으로 한 교재이다. 「The Doll Hospital」은 유아의 일상 경험과 관련된 철학적 개념 및 의미에 대해 생각하고 말하는 방식에 주의를 기울이도록 돕기 위한 내용으로 이루어져 있으며, 진(眞) · 선(善) · 미(美)뿐 아니라 인간의 의미와 현상에 대한 것으로 미의 경험에로 몰입하도록 도와줌으로써 유아의 통합적인 사고력 교육에 적절한 매체라 할 수 있다. 「Geraldo」는 유아로 하여금 언어에 대한 관심을 일깨워 주고 반편견, 다문화교육에 적절한 매체라 할 수 있다. 일반 동화와 같이 스토리를 가진 한 편의 동화이다.

철학동화 「Kio & Gus」를 초등학교 2학년을 대상으로 주 1회 9개월 동안 읽고 어린이들이 더 나은 판단을 하도록 철학수업을 한 결과, 이 판단이 그들의 편견과 고정관념을 없애는 데 도움을 주었으며(Schleifer & Poirier, 1996) 국내에서는 「Elfie」 교재를 초등학교 1학년에게 적용한 결과 어린이들이 논리적 사고 능력이 향상(유정화, 1993)되었고 도덕적 사고력도 함양되었다(신화영, 2003). 정대련 · 이춘희(2006)는 유아를 위한 철학동화 「The Doll Hospital」을 번역하여 만 4, 5세 유아와 함께 일주일에 두 번씩 철학적 토론을 실시한 결과 유아의 배려적 사고가 증진되었다고 보고하였다.

2. 교수 · 학습 과정

유아교육의 교수 · 학습은 교사의 지도하에 유아가 일정한 교육내용을 습득해 가는 통합적인 의미의 교수 · 학습 과정이라 일컬어진다.

대화(dialoguc)를 근간으로 철학교육을 주도하고 있는 Lipman(2003)이 제시한 철학적 탐구공동체 활동의 구체적 교수 · 학습 과정은 다음과 같이 요약될 수 있다.

1) 교재 제공하기

교재는 그날 토론할 내용을 교사가 감정을 넣어 읽어줌으로써 시작된다. 교사가 큰소리로 전체 동화를 읽는 동안 유아들은 손가락으로 활자를 집어가며 눈으로 따라 읽는다. 그런 다음 유아들과 함께 다시 한 번 처음부터 끝까지 한 문단씩 차례로 읽는다. 교사가 먼저 전체를 읽어주는 것은 유아들의 읽기 속도가 매우 느리고 또 발음이 정확하지 못하여 동화의 의미를 파악하는 데 어려움이 있기 때문이다. 유아들이 읽기에 익숙해지면 한 문단에서 한 문장으로 차례로 읽는다. 또 유아들에게 읽는 방법을 유아 스스로 제안하도록 한다. 모든 구성원들이 읽을 수 있는 활동의 분배로서 교대로 읽기를 경험해 보도록 한다. 유아는 다음 사람도 읽기에 참여해야 한다는 것을 생각하여 스스로 읽는 분량을 조절하게 됨으로서 함께한다는 배려와 교실공동체의 시작이 이뤄지는 것이다. 또한 유아들에게 모두 다같이 노래하듯 교재를 읽히는 것은 유아들에게 일종의 공유를 느끼게 해준다는 점에 윤리적인 가치를 지닌다. 더구나 크게 읽는 것은 읽기에 흥미가 없는 유아들에게 책의 의미를 내면화하는 데 도움이 된다. 또한 크게 읽음으로써 조심스럽고 주의 깊게 듣는 것과 정확하고 정밀하게 사고하는 것을 준비한다. 교재를 다 읽고 난 다음에는 유아들에게서 교재를 회수하는 것이 바람직하다. 실제로 유치원에서 동화 읽기가 끝난 다음에 유아들이 책을 가지고 장난하는 경우가 있어 다음 활동으로의 진행에 방해가 되었다.

동화를 제시할 때, 동화가 짧을 경우에는 전체 분량을 한 번에 다 읽어 주지만 긴 동화일 경우에는 전체를 읽은 다음, 일부분인 한두 에피소드만을 다시 읽어 주어도 무방하다. 동화를 제시하는 것은 토론 주제가 되는 철학적 질문을 만들어 내거나 토론에 필요한 생각의 맥락을 제공하기 위한 것이므로 교재의 일부를 활용할 수도 있다.

2) 토론 주제 만들기

철학적 탐구공동체 접근법에 있어서 동화를 듣고 난 다음 유아가 만드는 질문은 매우 중요하다. 일반 유치원에서는 동화를 읽은 다음에 교사의 질문과 유아의 대답으로 이루어지는 동화 내용에 대한 토론이지만 철학적 토론에서는 유아가 주도적으로 가지게 되는 철학적 질문을 구성하는 데 초점을 두기 때문이다.

(1) 질문하기

교사는 유아들과 함께 동화를 읽고 동화의 흐름과 개념들을 이해한 후, 유아들에게 친구들과 함께 토론해 보고 싶은 것이 있으면 말해 보도록 한다. 교사는 화이트보드나 큰 종이에 번호를 쓰고, 유아의 질문을 적고, 질문을 한 유아의 이름을 쓴다. 질문자가 공동체 작업에 도움을 준 것에 대해 칭찬하면서 동시에 자신의 질문에 책임감을 느낄 수 있도록 유아의 이름을 적어주는 것이다. 화이트보드에 적힌 이름은 유아들의 자긍심과 사기를 높이는 데도 도움이 된다. 화이트보드에 적힌 질문들은 공동체 구성원의 다양한 관심과 관점을 나타낸 것이며, 앞으로의 토론주제가 될 것들이다. 질문을 모두 받아 적은 다음, 교사는 각 질문에 대해 동화의 어느 부분에서 그러한 질문을 하게 되었는지, 왜 이 질문이 궁금하였는지 이유를 말해 보도록 한다. 이유 말하기에서 처음에 유아들은 "그냥요", "그림이 이상해서요", "책에 있어서요" 등과 같은 이유를 말한다. 이때 교사는 인내심을 가지고 유아의 이유를 들어주면서 합당한 이유의 모델을 제시해 주는 것이 필요하다.

유아가 처음부터 쉽게 철학적 질문을 하기는 쉽지 않다. 처음에는 동화에서 유아가 좋아하거나 재미있는 내용을 찾아보게 하거나 동화에서 나온 질문 찾아보기, 동화에서 이상하거나 궁금한 내용 질문하기, 더 나아가 비약적인 창의적 질문하기로 지도하는 것이 바람직하다.

질문하기는 구성원이 많을 경우 소집단 활동을 통하여 질문을 만들 수도 있다. 제시된 질문과 같은 질문이 나오면 먼저 제시된 질문을 찾도록 하여 유아로 하여금 같음을 확인토록 한 후 유아의 이름을 나란히 적어준다. 이렇게 질문하기를 중요시하는 이유는 질문하기가 탐구를 시작하는 데 있어서 가장 중요한 역할을 하기 때문이다.

(2) 관련 있는 질문들 묶기

제시된 질문들에서 서로 관련 있는 질문들로 분류하는 것은 개념들 간의 관련성을 파악할 수 있어 유아로 하여금 논리적 사고를 형성하는 데 좋은 방법이다. 유아들로 하여금 제시된 질문들 가운데 비슷한 질문이 있는지, 서로 묶을 수 있는 질문이 있는지를 생각해 보도록 한다. 묶을 수 있는 질문들이 있다면 그것들을 묶어 보도록 하고 이유를 말해 보도록 한다.

관련 있는 질문들의 묶음을 나타내기 위하여 교사는 펜으로 색이나 모양을 표시할 수 있다. 질문으로 묶고 나면 적절한 질문으로 만들어 보도록 할 수도 있다.

(3) 토론 주제 질문 선정하기

토론 주제를 선택하는 절차는 매우 중요하다. 교사는 토론해 보고 싶은 질문을 유아들에게 손을 들게 하는 방법으로 투표를 해서 질문을 선택할 수 있다. 또는 자기 질문을 포기하고 싶은 사람이 없는지를 물어가면서 결정할 수도 있다. 철학적 토론 활동에서는 양편으로 나누어지는 대답이 가능한 질문을 선정하는 것이 좋다.

3) 공동체 결속화하기

토론은 토론 주제로 선정된 질문을 제기한 유아에서부터 시작된다. 이 유아에게 토론 질문이 동화의 어느 부분에서 나왔으며, 왜 그러한 질문을 하게 되었는지, 왜 그 질문이 중요한지에 대해 살펴본 후, 공동체 구성원들과 함께 대화적 탐구를 하게 된다. 이때 구성원이 각자의 의견만 내놓아 개개의 견해들을 이해할 뿐 얻어지는 것이 없는 산만한 토의(discussion)나 담화(conversation)가 되지 않도록 하는 것이 중요하다. 토의나 담화는 단순 상호작용적인 데 반해, 대화는 변증법적 상호작용이기 때문에 대화를 할 때 지적으로 긴장하게 되어 엉성한 추론이나 우둔한 문답은 설 자리가 없다. 이같이 대화에 참여한다는 것은 가능성을 탐구하고, 대안을 발견하고, 새로운 시각을 인식하는 것이며, 탐구공동체를 수립하는 것이다(Lipman, 1980). 이렇게 해서 유아들은 공동체 전체가 탐구를 통해 이루어 놓은 인지적 행위의 결과를 내면화하게 되고 집단의 결속이 이루어진다.

이때 교사는 다음 몇 가지 사항을 고려해야 한다.

a. 교사가 토론을 주도하지 않도록 해야 한다.
b. 유아들의 철학적 탐구의 질을 중요시하지 않고 유아들과 함께 교재(동화)를 철저히 학습하는 것에 중점을 두지 않도록 한다.
c. 유아들의 지적 능력을 과소평가하지 않는다.
d. 일부 유아들이 토론을 주도하지 않고 다수 유아들이 함께 토론에 참여할 수 있도록 노력해야 한다.

4) 토론계획과 연습문제 활용하기

공동체 나름대로 주제에 대한 탐구가 진전된 후, 학문적 전통으로부터 철학적인 질문들을 인용해 와서 다시 탐구를 전개한다. 즉, 존중, 진실, 선, 아름다움, 정의, 행복 등과 같은 포괄적인 규정적 개념들에 대한 탐구를 시도한다.

교사는 중심 생각에 대해 철학적 토론을 위한 토론계획을 미리 계획하여 활용한다. 토론계획은 구체적이고 특수한 사례로부터 추상적이고 일반적인 문제로 형성된 일련의 질문들로 구성된다. 이때에는 토론계획에 제시된 질문을 순서대로 모두 활용하는 것이 아니라 토론 활동에 적절한 몇 개의 질문을 활용하는 것이 적절하다.

토론 평가는 집단의 행동에 대한 평가로 다음과 같은 질문들을 사용하여 평가한다.

a. 유아가 주제나 아이디어에 대해 호기심을 가지고 질문을 하는가?
b. 유아가 다른 사람의 말을 경청하는가?
c. 유아가 자신의 견해에 대해 이유나 근거를 제시하는가?
d. 유아들이 말을 일관성 있게 하는가?
e. 유아가 아이디어에 대한 대안들을 찾아보는가?
f. 유아들 모두가 대화에 참여하는가?
g. 유아들은 서로 존중하는가?

토론활동에 대한 평가로 유아 스스로도 토론 과정에서 비판적 사고, 창의적 사고, 배려적 사고를 잘하였는지를 생각해 보도록 하는 것도 필요하다. 교사는 다음과 같은 질문들을 활용하여 유아들이 눈을 감고 엄지손가락을 위 또는 아래로 향하도록 또는 거수로 하여 유아 스스로 자신을 평가해 보도록 할 수 있다.

a. 나는 친구들의 말을 이해하려고 노력했어요.
b. 나는 친구들이 말하는 것을 귀 기울여 잘 들었어요.
c. 내 생각을 잘 말했어요.
d. 토론 시간이 재미있었어요.
e. 내 생각에 대한 이유를 잘 말했어요.

5) 심화 반응으로 고무시키기

교사는 이야기, 시, 그림, 그 외에 인지적 표현활동들로 쓰거나 그리거나 말하기 등으로 심화반응을 끌어내어 개인적으로 혹은 공동체적으로 비판과 창조를 통합하는 활동을 해보도록 하며 판단을 강화시켜 준 깊이 있는 의미 감각의 획득을 서로 격려한다. 유아들은 활동이 한 단계 더 확장된 배려적 사고능력 향상을 위하여 확장 활동을 할 수 있다. 유아들로 하여금 토론한 중심 주제에 대한 저널 쓰기, 인물에 대한

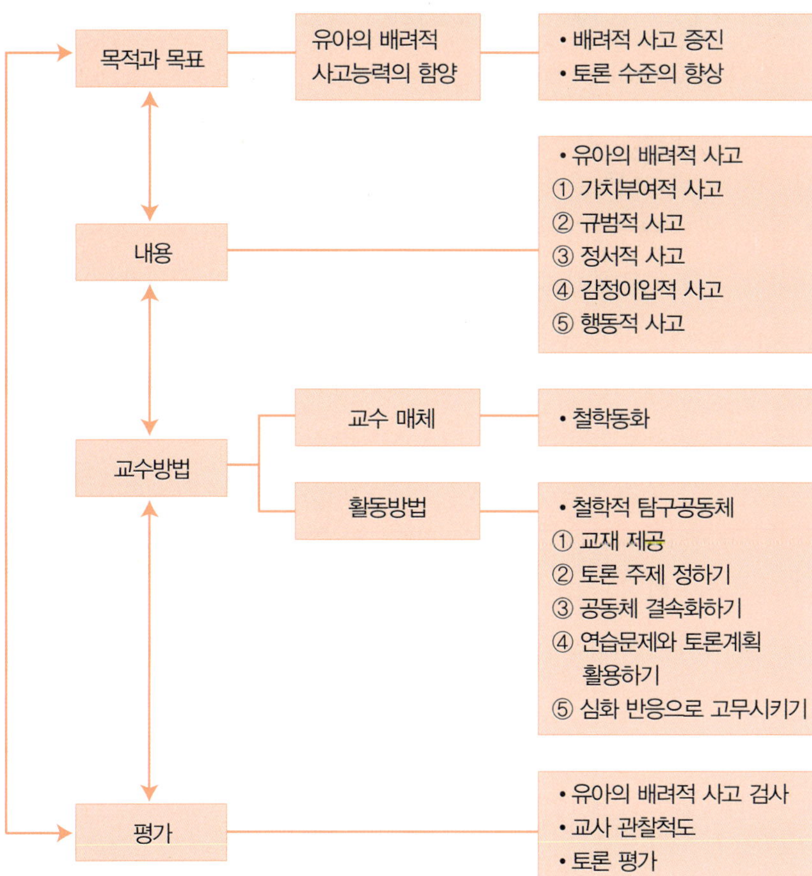

[그림 3] 유아를 위한 배려적 사고 교육 교수체계

편지쓰기를 할 수 있다. 글을 쓰지 못하는 유아를 위해서 교사가 대신 써 줄 수도 있다. 또한 몸으로 표현해 보기를 한다든가, 동화를 만들어 보게 한다든가, 유아들이 만든 동화로 극화 활동을 실시할 수도 있다.

철학적 탐구공동체 활동의 교수 · 학습 과정을 적용한 유아의 배려적 사고 교수체계를 살펴보면 [그림 3]과 같다.

3. 교사의 역할

철학적 탐구공동체를 활용한 철학적 사고교육이 성공하기 위한 전제 조건은 교사의 역할과 능력이다(Falkof, 1984; Gall, 1984; Lipman, 1991, 2003; Sharp, 2006 미간행b; Yule & Glaser, 1994). 어린이 철학교육에서의 교사의 역할은 소크라테스의 역할과 동일하기 때문이다. 교사들은 충분한 훈련을 거쳐 탐구공동체를 이끌 수 있는, 즉 어린이들이 자연스럽게 대화와 철학적 문제에 몰두하고 실천할 수 있는 기회를 제공하는 기술적 능력과 더불어 풍부한 철학지식과 동시에 일상생활에서 철학을 실천할 수 있는 능력을 지녀야 한다.

교실의 탐구공동체 형성을 위해 교사는 먼저 탐구하는 장소를 편안하고 친근한 분위기로 구성하고, 칠판이나 융판을 배치하여 자유롭게 원형으로 둘러앉아 한쪽 끝에 교사의 자리를 마련하여 어린이들이 자기 자신이나 타인을 존중하며 배려하는 가운데 자유로운 토론을 할 수 있는 분위기를 조성하는 데 초점을 두어야 한다. 정의적인 측면을 고려하여 교사는 구성원들 사이의 내적 통합성이 형성되도록 하는 것에도 중점을 두어야 한다.

교사는 탐구에 대한 적극적인 관심과 교화의 배제, 어린이의 의견 존중 등을 고려하도록, 즉 어린이들의 이야기를 주의 깊게 듣고 어린이들의 말에서 철학적인 부분을 찾아내고 오류를 찾아내어 명료화시켜 주거나 어린이들이 교재 속에 나오는 피상적인 대화의 이면을 보고 그 속에 숨어 있는 것을 발견할 수 있도록 도와주며(Lipman, 1980), 그 장면에 나오는 등장인물들이 어떤 종류의 배려적 사고를 보여주는지를 질문해야 한다(Sharp, 2000). 이러한 과정에서 가장 중요한 교사의 역할은 모델링(modeling)이다. 철학적 탐구에 참여하도록 적극적으로 준비하고 실천하는 모델뿐 아니라 개방적이고 자기 수정적인 사고를 하는 사고 모델로서, 존중하고 도와주는 배려의 모델로서, 자기의 생각을 행동과 일치시키는 행동의 모델로서, 교사의 역할은 유아로 하여금 배려적 사고를 비롯한 철학적 사고력을 증진시키는 탐구공동체의 일원이 되는 것이다.

철학적 사고력을 증진시키는 촉진자, 반론 제기자, 조정자, 통제자, 발판 제공자, 격려자로서의 교사의 역할을 구체적으로 살펴보면 다음과 같다(Yule & Glase, 1994).

- 촉진자(facilitator)

  대화를 원활하게 하고 생각을 분명히 파악하도록 도와주는 역할로서 아이디어의 순환과 이해를 돕는다.

- 반론 제기자(provoker)

  대립되는 단서를 제시하거나 반대되는 입장을 취하여 대화 참여자들에게 자신의 입장을 깊이 있게 생각하도록 자극하고 새로운 토론의 실마리를 제공한다.

- 조정자(modulator)

  대화를 짜임새 있게 전개하도록 하고 가장 생산적인 방향으로 추론이 나아가도록 지도하며 아이디어의 순환을 원활하게 한다.

- 통제자(monitor)

  토론 과정에서 일어날 수 있는 오류들을 지적해주며 추론과정을 통제함으로써 올바른 추론이 되도록 도와준다. 즉, 토론 과정에서 개념 사용이 정확하고, 일관성이 있으며, 추론이 바르게 되어 가는지를 감독하며 중재한다.

- 발판 제공자(발판 설정자: scaffold-builder)

  유아들이 말한 내용을 논증 형태로 구조화시킬 수 있도록 단서를 제공한다. 어린이들은 자신에게 제공된 단서를 발판으로 말한 것을 스스로 확장하여 생각해 볼 수 있다.

- 격려자(supporter)

  토론 참여자가 서로를 돕고 격려하는 역할과 편안한 마음으로 상대방의 의견을 비판할 수 있도록 해줌으로써 유아들에게 지지와 용기를 제공한다. 이는 정서적 사고자로서의 교사 역할을 말한다.

이러한 교사의 역할은 서로 중복되는 면이 있다. 촉진자의 역할은 아이디어의 소통에 초점을 맞추지만 다른 모든 역할에 조금씩 포함되는 것이기도 하다. 통제자의 역할 기능은 말한 것을 평가하는 데 초점을 맞추지만 다른 모든 역할의 중심적 기능이기도 하다.

교사의 어휘 사용 또한 중요하다. 배려적 사고는 정서적 사고의 한 전형적 사례이다(Lipman, 2003). 더구나 적절한 어휘는 정서에 대해서 사고하고 토론하고 배우는 데 필수적이다. 탐구공동체에서 교사와 유아들은 정서와 관련된 어휘들을 사용하면서 점차 정서에 대해 객관적으로 분석하게 된다. 교사는 유아가 자신의 정서를 잘 파악하고 정서의 바탕이 되는 신념을 찾아내도록 하며 자신의 정서를 이루는 신념을 탐구하고 토론함으로써, 불합리한 정서는 자기 수정으로 정당화할 수 있는 방법을 배우고, 스스로 정당화할 수 없는 정서는 없애도록 이끌어 줘야 한다(Sharp, 2006 미간행b). 탐구과정에서 교사가 사용하는 언어의 특징과 교실 대화의 특징 사이에는 의미 있는 상관관계가 있다(Lipman,

2003). 유아들이 정서에 대해 배우기를 바란다면 가치가 무엇이고 어떻게 가치 있게 되는지 그와 관련된 어휘들이 필요하다.

철학적 탐구공동체 활동이 유아의 언어능력의 하위영역인 말하기 능력을 향상시키고 어휘력을 증진(이정화, 2002)시켰으며, 5학년 어린이의 정서 표현 말하기와 친교 표현 말하기 능력을 신장시켰다(김숙희, 2005). 특히 교사가 사용하는 언어의 특징과 교실 대화의 특징 사이에는 의미 있는 상관관계가 있는 것으로 나타났다(Barry, King & Naloney, 2001).

교사가 유아들을 공동체 내에서 정서적 또는 배려적 사고에 민감하게 만들 수 있는 어휘들은 다음과 같다(Lipman, 2003).

걱정하는, 지켜주는, 관심을 가진, 사랑하는, 용서하는, 관대한, 예의바른, 믿는, 좋아하는, 협동하는, 일치하는, 조화로운, 고요한, 진정시키는, 믿는, 자비로운, 충실한, 덜어주는, 예의바른, 자극하는, 관대한, 아량이 있는, 부양하는, 지켜보는, 기품 있는, 베푸는, 존중하는, 허용하는, 풀어주는, 순수한, 숭배하는, 감탄하는, 매력 있는, 순종하는, 즐겁게 하는, 존경하는, 찬성하는, 경외하는, 의견이 일치하는, 묵인하는, 동의하는, 유순한, 세련된, 다정한, 호의적인, 친절한, 이타적인, 정중한, 유익한, 도량이 큰, 즐거운, 귀중한, 가치가 있는, 공손한, 너그러운, 기분 좋은, 진지한, 사교적인, 자비로운, 상냥한, 인정 많은, 인자한, 공손한, 조심성 있는, 책임감 있는, 주의를 기울이는, 주의하는, 감동시키는, 위안을 주는, 용기를 북돋우는, 편안한, 동정적인, 도덕적인, 마음씨 좋은, 헌신적인, 의무를 다하는, 격려가 되는, 흥분시키는, 인내심 있는, 고무하는

KIDS
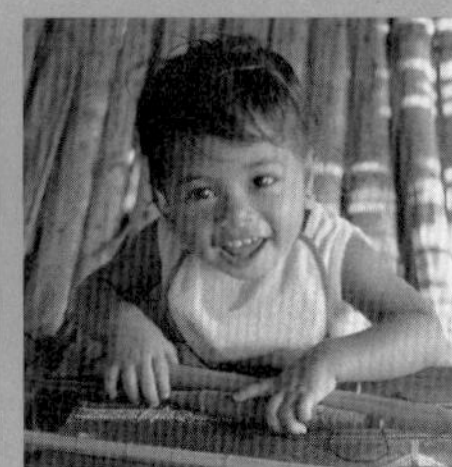

제 3 부

유아의 배려적 사고 교육의 실제

제 1 장

배려적 사고 교육을 위한 활동 일정

본 장에서 소개되고 있는 배려적 사고 교육의 사례는 철학적 탐구공동체의 이론과 실제에 대하여 다년간 연구한 교사가 유아들과 2007년 4월 6일부터 7월 11일까지 실시한 수업이다. 수업을 실시하기 전에 교사를 중심으로 서로의 얼굴이 잘 보이도록 유아들의 자리 배치를 U자형으로 하였다.

본 수업을 위해 교사는 실험집단을 만 5세 아동 각각 11명으로 구성된 2개 집단으로 구성하였고, 각 집단에 대하여 13주에 걸쳐 1주에 2회씩 각각 총 26회 수업을 실시하였다. 1회, 2회의 수업은 토론을 처음 접하는 유아들을 위한 준비활동으로 실시되었으며 나머지 24회의 수업은 토론 주제 만들기 8회와 토론활동 16회로 나누어 실시되었다. 1회 활동시간은 25-30분이었고 모든 과정은 비디오카메라로 녹화 전사되었다.

Lipman(2003)이 제시한 철학적 탐구공동체 활동의 교수 · 학습 과정을 적용하여 본 연구에서 실시한 구체적 활동은 다음과 같이 진행되었다.

(1) 교재(동화) 읽기
(2) 토론 주제 만들기(질문하기와 토론 주제 질문 선정)
(3) 철학적 토론활동(공동체 결속화하기 및 토론계획과 연습문제 활용)
(4) 심화 활동

실험 기간의 활동은 〈표 2〉와 같은 일정으로 진행되었다.

〈표 2〉 철학적 탐구공동체 활동 일정

	활동과정	주제
1주	토론 준비활동: 그림책 『왜?』	그림에 대한 생각 모으기 철학의 정의 및 철학자 소개
2주	동화 읽기 및 토론 주제 만들기 제1토론	인형
3주	동화 읽기 및 토론 주제 만들기 제2토론	좋은 사람 1
4주	제3토론 제4토론	좋은 사람 2 어떻게 할까?
5주	동화 읽기 및 토론 주제 만들기 제5토론	좋은 이유일까?
6주	동화 읽기 및 토론 주제 만들기 제6토론	친구
7주	제7토론 제8토론	존중: 서로를 사람으로 대하기 규칙
8주	동화 읽기 및 토론 주제 만들기 제9토론	이기적
9주	동화 읽기 및 토론 주제 만들기 제10토론	행복
10주	제11토론 제12토론	거짓말 책임
11주	동화 읽기 및 토론 주제 만들기 제13토론	다른 사람 돕기
12주	동화 읽기 및 토론 주제 만들기 제14토론	아름답다와 예쁘다
13주	제15토론 제16토론	생일 감정이입

철학적 탐구공동체 활동은 각각의 중심 주제에 대하여 토론 1회째에는 동화 읽기와 토론 주제 만들기가 이루어졌다. 「인형병원」의 전체 5장에 실린 9개의 에피소드를 유아들이 지루해하지 않고 읽을 수 있도록 동화의 길이와 주제를 고려하여 읽기의 양이 분배되었다. 토론 주제 만들기에서 유아들이 만든 다수의 질문 중 다음 회에 토론할 질문이 거수로 선정되었으며, 선정 순위에서 첫 번째 내지는 두 번째 선정 질문을 토론의 2회 또는 3회째 주제로 삼아 토론을 하였다.

토론에 들어가기 전, 교사는 유아가 선정한 질문의 중심 주제에 대한 교사 지침서의 토론계획과 연습문제를 충분히 숙지한 후 토론 맥락에 맞게 선택하여 활용하였다. 그리고 총 24차시에서 16회의 토론 중 6회에 걸쳐 유아의 배려적 사고 능력을 보다 향상시키기 위하여 주제에 대하여 저널 쓰기, 동시 짓기, 편지쓰기 등 심화활동이 실시되었다.

본 연구에서 실시된 철학적 탐구공동체 활동과정 및 토론내용은 다음의 〈표 3〉과 같다.

〈표 3〉 철학적 탐구공동체 활동과정 및 내용

주제	교재	활동과정	토론 내용	심화활동 내용
1 인형	1장 에피소드 1, 2	1) 동화 읽기 2) 토론 주제 만들기 3) 토론하기	• 인형은 무엇인가? • 인형은 사람과 같은가? • 인형(롤러)은 여자인가, 남자인가?	
2 좋은 사람 1, 2	2장 에피소드 1	1) 동화 읽기 2) 토론 주제 만들기 3) 토론하기(심화활동)	• '좋음'이란 말의 의미는 무엇인가? • 좋은 사람이란 어떤 사람인가?	좋은 사람 (저널 쓰기)
3 어떻게 할까?		토론하기	• 다음과 같은 경우는 어떻게 해야 할까?	
4 좋은 이유일까?	2장 에피소드 2	1) 동화 읽기 2) 토론 주제 만들기 3) 토론하기	• 이유란 무엇인가? • 다음은 좋은 이유인가, 나쁜 이유인가? 왜 그럴까?	

5 친구		토론하기(심화활동)	• 친구란 어떤 사람인가? • 어른과 친구가 될 수 있는가? • 어린 동생과 친구가 될 수 있는가? • 동물하고도 친구가 될 수 있는가?	친구 (저널 쓰기)
6 존중: 서로를 사람으로 대하기	3장 에피소드 1	1) 동화 읽기 2) 토론 주제 만들기 3) 토론하기	• 서로를 사람으로 여긴다는 말은 무슨 의미인가? • 다음 행동은 사람을 사람으로 여기는 건가, 아니면 물건으로 여기는 건가?	
7 규칙		토론하기	• 만약 규칙을 어긴다면 무슨 일이 일어날까? • 규칙이란 무엇인가?	
8 이기적	3장 에피소드 2 전반부	1) 동화 읽기 2) 토론 주제 만들기 3) 토론하기	• 우리는 무엇이나 나누어야 하는가? • 다음은 이기적인가, 아닌가? • 이기심이란 무엇인가?	
9 행복		토론하기(심화활동)	• 행복이란 무엇인가? • 무엇이 우리를 행복하게 만드는가?	행복이란? (동시 짓기)
10 거짓말	3장 에피소드 2 후반부, 에피소드 3	1) 동화 읽기 2) 토론 주제 만들기 3) 토론하기	• 왜 진실을 말해야 하는가? • 만약 모든 사람이 거짓말을 한다면? • 이 거짓말은 해도 괜찮은가?	
11 책임		토론하기	• 다음의 행동은 자신에게 책임이 있는가? • 스스로 해야 할 일(책임)은 무엇인가? • 책임이란 무엇인가?	
12 다른 사람 돕기	4장	1) 동화 읽기 2) 토론 주제 만들기 3) 토론하기(심화활동)	• 우리가 어떻게 도울 수 있을까? • 우리는 왜 도와야만 하는가?	나는 도와줬어요 (저널 쓰기)

13 아름답다 와 예쁘다		토론하기(심화활동)	• 아름답다는 말은 무슨 의미인가? • 예쁘다는 말은 무슨 의미인가? • 다음은 아름답다와 예쁘다 중 어느 예인가?	아름다움 (저널 쓰기)
14 생일	5장	1) 동화 읽기 2) 토론 주제 만들기 3) 토론하기	• 생일은 무슨 의미인가? • 생일에 무엇을 원하는가? • 만일 친구 생일에 네가 친구에게 아무것도 주지 않으면 네 생일에 선물을 받을 수 있는가?	
15 감정이입		토론하기(심화활동)	• 너는 이럴 때 어떤 느낌이 들까? • 인형은 사람인가? • 인형은 남자인가, 여자인가?	제스에게(편지 쓰기)

제 2 장

철학적 탐구공동체 활동 운영

1. 교재 선정

본 수업에서는 철학적 탐구공동체 활동의 교재로 철학동화 「인형병원」(Sharp, 2000)을 선정하였다. 「인형병원」은 IAPC 설립자 중 한 사람인 Sharp의 「The Hospital Doll」을 번역한 것으로, 유아를 위한 IAPC 교재이다. 「인형병원」은 일반 동화와 같이 스토리를 가진 한 편의 동화이다. 동화는 주인공인 유아의 일상 경험과 관련된 철학적 개념 및 의미에 대해 생각하고 말하는 방식에 주의를 기울이도록 돕기 위한 내용으로 이루어져 있다. 유아가 동화를 읽는 동안 탐구의 과정을 배우며 철학적 대화에 참여함으로써 추론하는 방법을 배울 수 있도록 구성된 동화인 것이다. 「인형병원」은 5장으로 구성되어 있으며 그 속에는 총 9개의 에피소드가 들어 있다. 그리고 각 에피소드는 다양한 중심 주제(leading ideas)를 포함하고 있다.

동화 「인형병원」의 구성, 중심 주제 및 내용을 소개하면 〈표 4〉와 같으며, 「인형병원」 1장을 〈부록 1〉에 소개하였다.

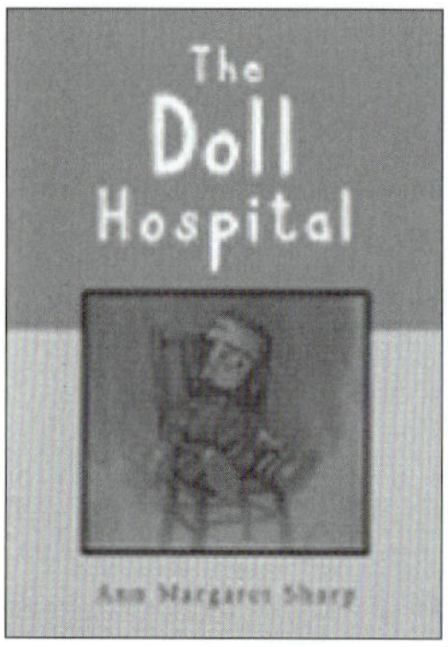

[그림 4] 인형병원

〈표 4〉 동화 「인형병원」의 구성, 중심 주제 및 내용

구성	중심 주제	내용
1장 (에피소드 2개)	① '모두' 외 15가지	주인공 제스가 자신과 자신의 인형 롤러를 소개한다. 인형의 이름, 갖게 된 배경, 생김새 등을 말하며 제스는 인형을 진짜 아기라고 말한다.
2장 (에피소드 2개)	② '어떻게 할까?' 외 8가지	제스가 유치원에 가는 길에 인형을 집에 두고 온 것을 뒤늦게 알고 다시 집으로 돌아가자고 하자 엄마는 직장에 늦을 수 있음에도 차를 돌린다. 제스는 좋은 엄마가 있음에 감사한다. 유치원의 두 명의 친구는 항상 같은 인형을 가지고 오는 제스를 싫어한다. 이에 대해 제스는 자기를 싫어하는 타당한 이유가 아니라며 다른 이유가 있는지 자신에게 묻는다.
3장 (에피소드 3개)	③ '진실' 외 11가지	유치원 선생님은 두 가지 규칙으로 진실과 존중을 말씀하신다. 제스는 친구의 인형을 탐하여 친구의 허락도 없이 가지고 놀다가 선생님에게 거짓말을 하게 된다. 제스는 인형과의 대화를 통해 선생님이 제시한 규칙 중 하나를 위반했음을 반성한다.
4장 (에피소드 1개)	④ '공상하기' 외 10가지	유치원에서 인형에 대한 토론을 하는데 선생님은 서로 도울 것을 장려한다. '아름다움'과 '예쁘다', '멋지다'의 차이에 대한 토론의 모델을 보여준다.
5장 (에피소드 1개)	⑤ '생일' 외 14가지	아빠의 생일에 제스는 자전거에 실려 있던 인형을 떨어뜨려 인형병원에서 인형의 머리를 교체하게 된다. 인형을 살아 있는 아기라고 생각했던 제스는 인형의 존재를 다시 생각하게 된다. 자신의 존재에 대한 정체성을 찾아 가는 과정이 그려진 장이다.
총 9개	총 63개	

2. 토론계획 세우기

[그림 5] 나의 세계 만들기

토론계획 세우기는 교사 지침서인 〈나의 세계 만들기〉(Sharp & Splitter, 2000)의 내용을 활용하여 구성되었다. 교사 지침서는 교사가 토론 주제를 철학적 문답으로 촉진시키기 위해 지침서에 제시된 토론계획과 연습문제를 활용하도록 만들어진 교재이다. 우선 중심 주제와 관련된 개념들을 파악하고, 다음으로는 구체적이고 특수한 사례로부터 추상적이고 일반적인 문제로 이끌어 가도록 중심 주제를 중심으로 일련의 질문들을 선택하였다.

지침서에 제시된 9개의 에피소드에 관련된 중심 주제는 총 63개였으며 이 중에서 3장의 '존중: 서로를 사람으로 대하기' 중심 주제를 예로 들어보면 다음과 같이 구성되어 있다.

① Leading idea: '서로를 사람으로 대하기' 의 개념 정의
② 연습문제 1: '사람을 사물로 대하기' 10개 항목으로 체크하기
③ 연습문제 2: '사물을 사람처럼 대하기' 10개 항목으로 체크하기
④ 연습문제 3: '만약 내가……' 8개 질문으로 표현해 보기 게임
⑤ 활동: 역할놀이

교사 지침서에 제시된 '존중: 서로를 사람으로 대하기' 중심 주제에 대한 구체적인 내용을 〈부록 2〉에 소개하였다.

3. 준비활동

철학적 탐구공동체 활동을 처음 접하는 유아들에게 준비활동으로 2회 시행되었으며 그중 1차시에서는 끝말 이어짓기를 하여 유아들의 흥미를 이끈 다음, 『왜?』(니콜라이 포포프, 1997)라는 그림책의 표지 그림을 보고 생각 모으기를 하였다. '개구리는 무슨 생각을 하고 있을까요?', '여러분은 아침에 일어나 무슨 생각을 하였나요?'라는 교사의 질문에 대하여 유아들이 자신의 경험을 자연스럽게 표현하는 가운데 유아의 생각에 대한 근거를 묻는 교사의 질문으로 한걸음씩 탐구의 세계로 들어간다. 2차시에는 철학에 대한 정의 및 철학자를 소개하였다. '철학이란 무엇인가?', '철학자는 무엇을 궁금해 했을까?', '여러분이 궁금한 것은 무엇인가?'에 대하여 생각을 나누는 동안 유아들은 자신도 어린 철학자라는 긍지를 갖게 되며, 탐구공동체 활동 시간에 교사와 유아가 다함께 지켜야 할 규칙에 대하여 생각하는 시간을 가졌다.

4. 교재(동화) 읽기

활동을 실시하기 전에 교사를 중심으로 U자형으로 서로의 얼굴이 잘 보이도록 유아들의 자리 배치를 하였으며, 철학동화 「인형병원」을 제본하여 유아에게 한 권씩 배부하였다. 대부분은 에피소드별로 나눠 읽었으나 제1장의 경우는 두 개의 에피소드로 나눠져 있지만 읽을 분량이 적고 이야기 중심 주제가 인형과 관련된 주제로 되어 있어 한 번에 읽었고, 제3장 에피소드 3의 경우는 읽을 분량도 많고 토론해야 할 중요 주제도 많아 중심 주제를 중심으로 2회에 나눠 읽었다.

동화 읽기는 먼저 계획한 양만큼의 동화를 읽은 다음 중심 주제가 있는 단락을 뽑아 확대 복사한 단락 내용을 칠판에 붙인 다음 다시 한 번 읽었다. 주로 교사가 읽어 주었지만 중반부 이후 유아에게 의견을 물어 유아들과 한 문장씩 번갈아 읽거나 앉은 순서대로 의향이 있는 유아는 읽고, 읽기 싫거나 못 읽는 유아는 패스(통과)라고 말하도록 하여 돌아가며 읽었다.

동화의 내용 일부분을 소개하면 〈표 5〉와 같다.

〈표 5〉 동화 「인형병원」 3장의 내용

"너, 소꿉놀이하고 싶니?" 라모나가 물었어.
라모나는 나에게 함께 소꿉놀이하자고 여러 번 부탁했었어.
"나는 엄마 할 거야, 제임스는 아빠 할 거고. 너는 아기 해." 라모나는 나에게 말했어. "알았어." 나는 대답은 하였지만 생각해 봤어.
'얘들은 항상 내가 아기가 되길 원해. 나는 그 이유를 알고 있지. 내가 자기들보다 작기 때문이야. 그러나 그것은 공정하지 않아. 얘들이 자기 멋대로 나를 아기로 정할 때, 나는 얘들의 인형이 되는 것 같아. 누군가의 인형처럼 취급받고 싶지 않아. 진짜 사람으로 대우받고 싶어. 그게 바로 내 참 모습이니까. 나는 존중받고 싶어. 바로 선생님이 말씀하셨던 것처럼.'

[그림 6] 동화 읽기

5. 토론 주제 만들기

토론 주제 만들기의 구체적인 진행 과정은 다음과 같다.

① 동화를 읽은 다음, 교사는 읽은 내용을 상기시키기 위해 몇 가지 간단한 질문을 하였다.

② 읽은 동화 내용 중에서 재미있는 것, 궁금한 것이 있는지 물어 보았다.

③ 유아가 말한 궁금한 점을 번호와 함께 칠판에 적고 그 옆에 누가 말했는지를 알 수 있도록 유아의 이름을 함께 적는다. 또한 유아가 철학적 질문을 하였을 때 교사는 토론 활동에 도움을 준 것에 고마워하고 칭찬해 줌으로써, 유아로 하여금 자긍심과 자신의 질문을 소중히 생각하고 질문하기에 참여하고자 하는 마음을 갖게 하며, 이는 탐구를 시작하는 데 중요한 동기부여가 된다.

④ 유아가 만든 질문은 가급적 유아가 말한 그대로 적되 때로는 유아의 질문 표현이 어색하거나 유아가 표현하고자 하는 바를 잘못 표현한 경우, 교사는 유아의 의중을 확실하게 물어보고 유아에게 이렇게 질문을 고쳐도 되겠는지 물어보아 동의하면 수정한 질문으로 바꾸어 적었다.

⑤ 질문들을 모두 적은 후, 자신이 만든 질문이지만 빼고 싶은 질문이 있는지 물어 보았다. 동화 내용에 이미 답이 나타나 있는 질문을 하거나, 질문을 제기할 당시에는 궁금하였지만 질문 만들기 과정 중 그 궁금증이 해소되는 경우가 종종 있었기 때문이다.

⑥ 다음으로 질문의 중심 생각이 유사한 것끼리 분류한 후, 유아들이 손을 들어 그중 하나를 선정하도록 하였다.

⑦ 질문의 중심 생각이 유사한 것끼리 분류할 때는 비슷한 질문끼리 동그라미나 세모, 네모, 별 등 모양별로 표시하거나 빨강, 노랑,

파랑, 녹색의 동그라미로 색깔별로 표시하여 한눈에 구별하기 쉽도록 하였다.

유아가 만든 토론 주제 만들기의 사례를 〈표 6〉에 제시하였다.

〈표 6〉 토론 주제 만들기 사례

실시일	2007년 6월 11일 남/녀 총 11명 장소: 방과후반
동화	「인형병원」 3장 에피소드 2 후반부와 에피소드 3
동화 읽기	동화 내용: 동화의 주인공은 유치원에서 친구의 허락 없이 친구의 인형을 가지고 놀다가 선생님께 거짓말을 하게 되고 거짓말하게 된 사유가 자신의 인형이 친구의 인형과 놀고 싶어했기 때문이라며 자신의 책임을 인형에게 전가시킨다.
활동 절차	활동 내용
질문하기	(동화를 읽은 후, 중요 단락을 확대하여 칠판에 부착한 다음 유아들이 한 소절씩 돌아가며 다시 한 번 읽는다.) T: 오늘 우리가 읽은 내용 중에서 무엇이 궁금한지 이야기해 볼까요? C8: 왜 (제스는) 롤러 때문에 잘못했는지 궁금해요. T: 궁금한 걸 말해줘서 고마워요. 제스가 뭘 잘못했다는 거예요? C6: 롤러 때문이 아니구요, 제스가 잘못한 거죠. 거짓말을 하고 카트리나의 허락도 받지 않고 그냥 놀았으니까. T: 그런데 제스는 자기가 잘못했다고 하지 않고 누구 때문이라고 했어요? C6: 롤러 때문이라고. T: 그럼 여러분은 제스가 잘못했다고 생각해요, 아니면 롤러가 잘못했다고 생각해요? Cs: 제스. T: 그럼, 효민이 질문에서 "왜 제스는 자기 잘못을 롤러가 잘못했다고 말했을까?"라고 바꾸면 어떨까요? 효민아, 그래도 되겠니? C8, C6: 예, 좋을 것 같아요.

<table>
<tr><td>질문하기</td><td>C2: 어른한테 거짓말하면 안 되는데 왜 거짓말을 했어요?
C10: 카트리나가 롤러 인형하고 왜 놀지 못하게 했어요?
C6: 답이 있잖아요.
C11: 그런데 왜 카트리나 인형을 뒤쪽에 놓았을까요?
T: 왜 뒤쪽에 놓았을까?
C6: 좋아하니까.
T: 그래, 동화에서 뒤쪽에 놓으면 카트리나 인형이 행복해 할 거라고 제스는 생각한 거죠.
C5: 왜 거짓말했는지 궁금해요.
C9: 선생님한테 거짓말하면 혼나는데 왜 거짓말하고 인형을 가져갔어요?
C1: 왜 도둑질한 것 같이 빼앗아갔는지.
C6: 제스가 롤러한테 카트리나 인형이 예쁘니까, 그 롤러가 말했으니까 제스는 같이 놀고 싶은 거잖아요. 그러니까 왜 제스가 카트리나 인형을 도둑질했는지 궁금해요. 그리고 왜 카트리나는 롤러와 노는 것을 허락하지 않았는지 궁금해요.
T: 두 가지 질문을 했어요. 왜 허락하지 않았을까? 지현아.
C6: 더러워지니까?
T: 왜 허락하지 않았는지 기억나는 사람?
C2: 중요하니까, 보석이 떨어질까봐.
C1: 귀하고 하나밖에 없으니까.
C11: 몇 개밖에 없는 인형이니까.
T: 맞아요. 그래서 제스는 카트리나가 말한 이유에 대하여 뭐라고 이야기했죠?
Cs: 이기적이다.
C9: 선생님, 선생님한테도 왜 거짓말하고 가져갔는지 궁금해요.
T: 또 동화 속에서 궁금한 것이 있나요?</td></tr>
<tr><td></td><td>그럼 여러분이 궁금히 여기는 질문을 다시 한 번 읽어 보기로 해요.</td></tr>
</table>

	1. 왜 제스는 자기 잘못을 롤러가 잘못했다고 말했을까요?(C8) 2. 어른한테 거짓말하면 안 되는데 왜 거짓말을 했어요?(C2) 3. 카트리나가 롤러 인형하고 왜 놀지 못하게 했어요?(C10) 4. 왜 카트리나 인형을 뒤쪽에 놓았을까요?(C11) 5. 왜 거짓말했는지 궁금해요.(C5) 6. 선생님한테 거짓말하면 혼나는데 왜 거짓말하고 인형을 가져갔어요?(C9) 7. 왜 도둑질한 것 같이 빼앗아갔는지……(C1) 8. 왜 제스가 카트리나 인형을 도둑질했는지 궁금해요.(C6) 9. 왜 카트리나는 롤러와 노는 것을 허락하지 않았는지 궁금해요.(C6) 10. 선생님한테도 왜 거짓말하고 가져갔을까?(C9)
관련 있는 질문 묶기	T: 여러분이 말한 질문 중에서 “답이 있는 질문이에요, 질문을 빼고 싶어요” 하는 사람? C6: 선생님, 저는 9번 ‘왜 카트리나는 롤러와 노는 것을 허락하지 않았을까?’ 질문을 빼고 싶어요. T: 그래, 그 질문은 친구들과 답을 찾았지. 카트리나는 세상에서 몇 개밖에 없는 귀한 인형을 다른 사람이 손대는 것을 싫어했어요. 혹시 9번 질문과 비슷한 질문이 있나요?(기다려준다.) Cs: 3번요(몇 명의 유아가 큰소리로 외친다). 카트리나가 롤러 인형하고 왜 놀지 못하게 했어요?(갑자기 소란스러워진다.) T: 선주야, 네가 만든 질문의 답을 알겠어? 빼도 될까? C10: 예. 빼도 돼요. T: (두 질문을 사인펜으로 줄을 긋는다.) 또 빼고 싶은 사람?(유아들을 빙 둘러본다.) 그럼 같은 질문이나 비슷한 질문을 찾아보세요. T: 먼저 1번과 비슷한 질문이 있나요?(교사는 1번 앞에 빨강색 동그라미를 그린 후, 한 질문씩 가리키며 생각할 수 있도록 한다.) Cs: 아니요.

관련 있는 질문 묶기	T: 2번과 비슷한 질문은?(파랑색 동그라미를 그리고, 질문의 핵심 단어인 거짓말에 파랑색으로 밑줄을 긋는다.) Cs: 5번, 6번, 7번(좀 소란스럽게 번호를 외친다.) T: (5, 6, 7번 앞에 파랑색 동그라미로 표시한다.) T: 4번 질문과 비슷한 질문?(4번 앞에 초록색 동그라미로 표시한다.) C6: 답이 있는데……(질문으로서 의미가 없다는 표정을 짓는다.) Cs: 없어요. T: 7번과 비슷한 질문?(7번 앞에 주황색 동그라미를 그리고, 도둑질 단어 밑에 주황색 밑줄을 긋는다.) Cs: 8번요. T: 그럼 남은 질문이 몇 개인가요? Cs: 1번, 2번, 4번, 7번, 네 개요.(큰소리로 외친다.) T: 1번, 2번, 4번, 7번에서 가장 궁금한 질문은? 손을 들어 주세요. - 왜 제스는 자기 잘못을 롤러가 잘못했다고 말했을까? 3명 - 왜 거짓말을 했을까? 4명 - 왜 카트리나 인형을 뒤쪽에 놓았을까? - 왜 도둑질한 것처럼 빼앗아갔을까? 3명
질문 선정	T: 다음 시간에는 '왜 거짓말을 했을까? 왜 제스는 자기 잘못을 롤러가 잘못했다고 말했을까?' 에 대해 토론해 보기로 해요.

6. 철학적 토론활동

철학적 토론활동은 공동체 결속화하기부터 교사용 토론계획과 연습문제 활용하기까지를 말하는 것으로 구체적인 진행 과정은 다음과 같다.

① 철학적 탐구공동체 활동을 전개하면서 교사는 먼저 선택한 질문이 나온 배경을 유아들과 함께 동화 속에서 살펴보고 질문한 유아에게 왜 궁금했는지를 물어 보았다.

② 동화의 내용을 학습하는 것에 중점을 두지 않고, 유아들과 함께 선택된 주제를 중심으로 철학적 탐구가 되도록 토론을 전개하였다. 교사는 유아들의 의견을 듣고, 그들이 바른 방향으로 토론해 나갈 수 있도록 잘못된 점을 지적하고, 분명하지 않은 의견에는 질문을 던지는 등 탐구 질문을 활용하여 토론이 활발해지도록 도와주었다. 이때 교사는 가급적이면 철학적 민감성을 가지고 유아의 사소한 의미 차이에 대해서도 그냥 무관심하게 지나치지 않고 민감하게 반응하려 노력하였으며, 대화를 할 때 유아들을 지적으로 긴장하도록 유도하였다. 교사가 지나치게 관여하는 것은 옳지 않으므로 유아들과의 논의의 흐름이 이끄는 대로 따라가고자 하였다.

③ 토론활동에 가능한 한 많은 유아들이 참여하도록 하기 위해, 참여도가 낮은 유아에게는 간단한 질문을 하여 모든 유아가 토론에 참여하도록 노력하였다.

④ 유아들이 선정된 중심 주제를 깊이 있게 탐구해 나가도록 탐구활동을 촉진하는 데 초점을 두었고, 교사용 지침서에 있는 토론계획과 연습문제를 활용하였다. 교사 지침서(Sharp & Splitter, 2000)에는 총 63개 주제가 제시되었으며 그중 선택된 주제는 15개였다.

1) 인형(개념 정의)
2) 좋은 사람 1, 2(좋음의 정의, 적용)
3) 어떻게 할까?
4) 좋은 이유일까?
5) 친구
6) 존중: 서로 사람으로 대하기
7) 규칙
8) 이기적
9) 행복
10) 거짓말
11) 책임
12) 다른 사람 돕기
13) 아름답다와 예쁘다
14) 생일
15) 감정이입

이 주제에 대한 토론계획과 연습문제는 〈부록 3〉에 구체적으로 제시하였다.

⑤ 토론활동이 끝날 무렵, 유아들은 눈을 감고 활동 참여에 대해 다음의 질문에 거수로 평가하는 시간을 가졌다.

평가의 내용은 " i) 친구들의 이야기를 잘 들어 주었어요. ii) 나의 생각을 바르게 이야기했어요. iii) 토론 시간이 즐거웠어요." 였다.

[그림 7] 토론활동

유아의 토론활동에서 나타난 배려적 사고의 5가지 유형의 사례는 〈표 7〉에서 〈표 11〉까지 제시되었다.

〈표 7〉 토론의 예: 가치부여적 사고

차시	2007. 6. 29(21/24차시)	주제	아름답다와 예쁘다	대상	남/녀 11명
활동 내용					
T: (유아들은 고양이, 별, 달, 꽃, 선생님, 엄마 등이 아름답다고 생각하며 그 이유에 대해 말하였다) 여러분이 아름답다고 생각하는 것을 들어 봤어요. 선생님이 어떤 여자에 대한 이야기를 들려 줄게요. 아주 착하고 다른 사람들을 잘 도와주는 여자였는데 어느 날 갑자기 집에 불이 나서 얼굴에 화상을 입어 미워졌어요. 얼굴이 밉게 변했어도 아름다운 사람일까요? C6: 예. T: 왜 아름답다고 생각해요? C6: 착하니까. 겉모습은 아름답지 않지만 속마음은 아름답기 때문이에요. T: "저는 지연이와 같은 생각이에요, 아니면 다른 생각이에요" 하는 사람? Cs: 같은 생각이에요. C1: 마음이 예뻐야 해요. C6: 마음이 예뻐야 착하고 예쁜 거예요. T: 우리 친구들은 마음이 예뻐야 예쁘다고 생각하는군요. 그럼, 아름다운 사람은 어떤 사람일까? C7: 양보하고 착한 사람. C8: 우리 엄마처럼. 우리 엄마는 마음씨가 착해요. 어떤 할머니가 김을 사는 데 돈이 없어 가지고 엄마가 2만 원을 줬어요. T: 그래, 다희 엄마는 할머니를 도와주셨구나. C9: 남을 도와주는 사람. 아플 수도 있고 못할 수도 있으니까요. C2: 안 도와주는 사람은 안 아름다워요. C4: 도둑질 안하고 친구랑 잘 노는 사람. 사이좋게 지내니까. C9: 못하는 사람 도와주고요. C6: 쭈글쭈글하고 안 예뻐도 마음이 예쁜 사람. T: 예쁜 마음이란? C6: 엄마를 도와주고 심부름도 잘하고 집안일도 잘하고 착하고 엄마가 힘드실 때 안마도 해드리고. C11: 사용한 것 잘 정리하고 엄마 심부름 잘하는 거.					

〈표 8〉 토론의 예: 규범적 사고

차시	2007. 6. 19(18/24차시)	주제	책임	대상	11명
활동 내용					
T: 만약 친구를 때린다면 무엇을 잘못했을까? C2: 친구를 때리면 선생님한테 혼나요. C5: 친구를 때리면 친구가 우니까 미안해라고 말해야 해요. T: 만약 친구가 먼저 때려서 맞은 친구도 때린다면 둘 다 책임이 있을까, 없을까? C5: 둘 다 책임이 있어요. 서로 미안하다고 말해야 해요. T: 예서 말에 대하여 질문이 있거나 더 하고 싶은 말이 있나요? C6: 때리는 건 나쁜 거니까 둘 다 미안하다고 해야 해요. C11: 처음에 때린 친구가 더 나빠요. C6: 그렇다고 때리면 똑같이 나쁘지. 때리는 건 나쁘잖아. T: 그러면 어떻게 해야 될까? C6: 말로 해야 해요. 말로 하라고. 그래도 때리면 선생님한테 가서 말해요.					

〈표 9〉 토론의 예: 정서적 사고

차시	2007. 6. 8(15/24차시)	주제	행복	대상	11명
활동 내용					
T: 너희 주변에 있는 모든 사람이 슬플 때 너만 행복할 수 있을까? C8: 예. 도와주면요. T: 어떻게 도와줄 수 있을까? C8: 길을 잃고 울고 있는 아이가 있을 때 집이 어딘지 물어서 알려주고 도움을 줘요. C2: 우리 가족 모두가 슬프잖아요. 엄마, 아빠한테 편지를 보내주면 조금 기분이 좋아져요. C6: 슬퍼하는 사람을 기분 좋게 해주면 당연히 기분이 좋을 게 아녜요. 슬퍼하는 사람에게 마빡이나 영구 노래 불러주면 온 나라 사람들이 다 기뻐할 것 같아요. 삐리삐리삐리삐리(웃으며 몸짓을 한다). T: 행복할 때 기분은 어떤 기분일까? C4: 좋아요.					

C6: 자신이 자랑스러워요.
C2: 우리 아빠는 매주 2백만 원이나 3백만 원 벌어와요. 아빠가 좋아요.
T: 아빠가 돈을 많이 벌어 행복하다는 말이에요?
C2: 예.
T: 행복할 때 창수의 기분은?
C6: 아빠가 자랑스러워요.
C2: 아빠가 힘들 거예요. 회사가 멀어요.
C1: 파티도 하고 기분이 좋아요.
C10: 기뻐요.
C5: 흐뭇해요.
C2: 흥분이 되요.
T: 어떤 때 흥분이 되니?
C2: 우리나라가 축구에서 4강이 되었을 때 흥분되었어요. 형들이 자랑스러웠어요.

〈표 10〉 토론의 예: 감정이입적 사고

차시	2007. 7. 11.(24/24차시)	주제	인형 2(감정이입)	대상	11명
활동 내용					
T: 롤러의 머리가 갈라진 것을 본 제스의 마음은 어떤 것 같아요? C5: 슬펐어요. C6: 매우 어지러워 현기증이 날 것 같아요. T: 왜 현기증이 났을 것 같아요? C6: 인형의 안쪽을 보고 무서워서. C1: 저, 예전에요, 5살 때요, 현기증 나가지고 수술했는데요. 어지러워서 누워만 있었어요. T: 그랬구나. 동수, 얘기해 볼까? C4: 슬펐을 것 같아요. T: 왜 슬펐을까? C11: 제스가 아끼는 인형이라. C4: 롤러가 부서져서.					

C9: 인형 롤러 머리가 갈라져 가지고.
C5: 머리가 갈라져서.
T: 여러분도 제스처럼 여러분이 소중히 여기던 것이 깨지거나 고장이 나서 마음이 아파본 적이 있나요?
C1: 엄마가 꽃을 사줬는데 병에 놨었는데 어떤 형아가 축구공으로 앞에서 차서 병이 쓰러져 넘어졌어요. 유리에 아빠 발이 찔렸어요.
C11: 아빠가 장난감을 사줬는데요, 밤에 가지고 놀다가 부서졌어요. 팔이랑 다리.
T: 속상했겠구나.
C10: 조심해야지(안됐다는 표정으로).
C9: 자기가 소중히 여기는 것이 부서지면 마음이 아파요.
T: 그래, 마음이 아플 거야. 부서져서 어떻게 했어요?
C11: 버렸어요.

〈표 11〉 토론의 예: 행동적 사고

차시	2007. 6. 25.(20/24차시)	주제	다른 사람 돕기	대상	11명
활동 내용					
T: 그럼 여러분이 생각을 말할 때 다른 친구가 말을 한다면 여러분은 발표하는 친구를 어떻게 도와줄 수 있을까요? C2: 친구가 말한 다음에 말하라고 해요. C11: "조용히 해"라고 "쉿" 해요.(검지손가락으로 흉내를 낸다.) C6: "자꾸 떠들면 친구가 못 말하잖아"라고 말해요. C9: "조용히 해"라고 말해요. T: 우리 친구들은 잘 알고 있군요. 그럼 철학시간에 친구가 말하고 싶은데 잘 표현을 못할 때는 어떻게 도와줘야 할까요? C9: 조용히 해줘요. C9: 떠들면 생각이 잘 안 나니까. C6: 대신 말해줘요.					

7. 심화활동

심화활동은 쓰기 활동을 통하여 지금까지의 탐구공동체 활동을 통해 얻은 결과가 보다 심화된 반응을 불러일으키도록 하는 단계이다. 쓰기 활동은 유아로 하여금 생각을 다시 생각하여 정리할 수 있는 기회를 주는 활동으로서, 심화 반응을 이끌어 내어 의미의 심층적 이해를 통해 판단력을 강화시키는 동시에 한 단계 더 확장된 배려적 사고 능력 향상을 위한 활동이다.

심화활동은 총 6회 실시되었다. 제2장 '좋은 사람이란?' 에 대한 토론 후, 내가 생각하는 좋은 사람이란 제목으로 저널 쓰기, '친구' 토론 후에 친구와의 추억에 대한 저널 쓰기가 이뤄졌다. 제3장에서는 '행복' 에 대한 토론을 마친 후 행복에 대한 동시 짓기, 제4장에서는 '다른 사람 돕기' 에 대한 토론 후 남을 도와준 경험에 대하여 저널 쓰기, 제5장에서는 '감정이입' 에 대하여 토론한 후 주인공 제스에게 위로의 편지쓰기가 이루어졌다. 글을 쓸 수 있는 유아는 자신이 직접 기록하였으며, 스스로 쓰지 못하는 유아의 경우는 유아의 생각을 교사가 받아 써주었다. 이에 대한 활동 사례는 다음과 같다.

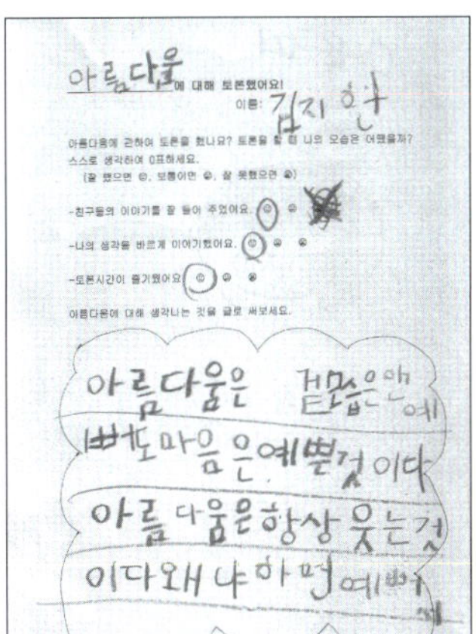

[그림 8] 아름다움

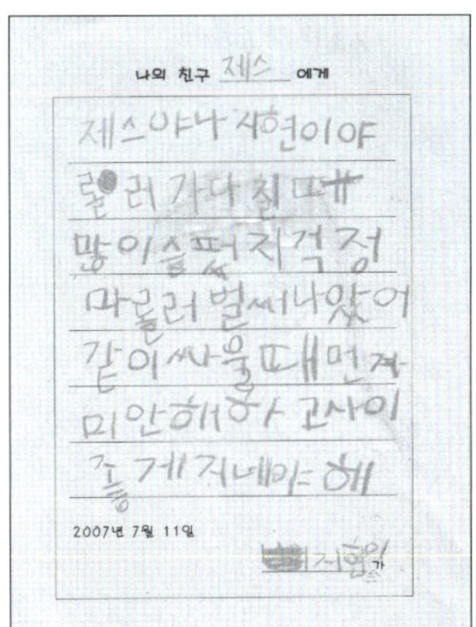

[그림 9] 제스에게

KIDS
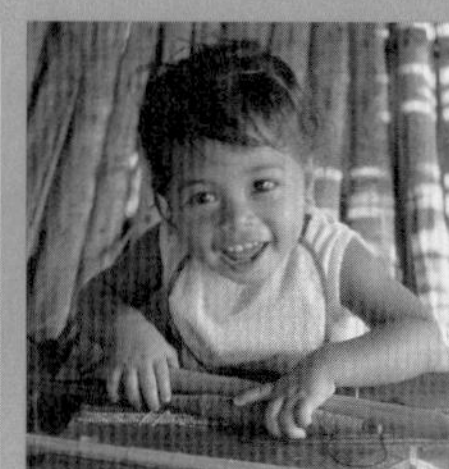

제 4 부

유아의 배려적 사고 교육의 평가

제 1 장 유아의 배려적 사고 교육의 평가 방법

1. 배려적 사고 검사 질문지(유아용)

1) 검사 도구

다음의 검사 도구는 배려적 사고 유형, 유아의 발달수준을 고려하여 고안되었다.

[그림 10] 개구리와 두꺼비는 친구

(1) 사전 · 사후 검사용 동화: 모든 연령의 유아가 설명적인 글보다는 이야기를 더 잘 이해하고 기억하는 경향이 있음을 감안하여 사전 검사에서는 '단추 찾기'(Lobel, 1970) 이야기, 사후 검사에서는 '편지'(Lobel, 1970) 이야기를 사용하였다. '단추 찾기'와 '편지'는 A. Lobel이 쓴 『개구리와 두꺼비는 친구』 시리즈 중에 나오는 동화로, 다양한 배

려적 사고의 특성을 반영하고 있는 문학작품이다. 두 그림책의 내용을 정리하면 〈표 12〉와 같다.

〈표 12〉 사전 · 사후 검사용 동화

제목	검사 용도	주제	내용
단추 찾기	사전	친구에 대한 배려	산책에서 돌아온 두꺼비는 윗도리의 단추 하나가 없어진 걸 발견한다. 개구리는 두꺼비 친구의 잃어버린 단추를 찾기 위해 함께 산책길을 되짚어 가며 찾지만 결국 찾지 못하고 속상한 마음으로 집으로 돌아온다. 그런데 두꺼비가 집 문을 쾅 닫는 순간 단추를 발견하고 기뻐한다. 두꺼비는 개구리 친구에 대한 고마움의 표시로 윗도리에 단추를 달아 친구에게 선물한다.
편지	사후		한 번도 편지를 받지 못한 두꺼비를 위해 개구리는 함께 편지를 기다려 주다가 편지를 받고 싶어 하는 친구를 위해 집에 가서 직접 편지를 쓴 다음, 달팽이를 통해 두꺼비에게 전한다. 편지를 기다리다 속상해하던 두꺼비는 개구리의 편지를 받고 행복해한다.

(2) 검사 내용: 검사 내용은 가치부여적 사고, 규범적 사고, 정서적 사고, 행동적 사고, 감정이입적 사고 등 배려적 사고의 5가지 사고 유형에 근거한 질문으로 구성되었다.

배려적 사고의 5가지 유형을 구성요소로 하여 사전 검사와 사후 검사의 평가항목이 될 질문을 선정하였다. 유아의 배려적 사고를 검사할 사전 · 사후 검사지는 〈표 13〉, 〈표 14〉와 같다.

〈표 13〉 배려적 사고의 사전 검사 질문지

반:	유아명:	(남, 여)	면접일: 년 월 일	
주제	번호	내용	유아 반응	점수
가치 부여적 사고	1	두꺼비는 무엇을 잃어버렸나요? 잃어버린 단추를 어떻게 했어요? 왜 찾으러 다녔나요?		
	2	왜 개구리는 두꺼비의 단추 찾는 것을 도와줬을까요?		
정서적 사고	3	단추를 찾지 못했을 때 두꺼비의 마음은 어떠했을까요? 그렇다면 두꺼비는 어떻게 그 마음을 나타내고 있나요?		
	4	단추를 찾았을 때 두꺼비의 마음은 어떠했을까요? 그렇다면 두꺼비는 어떻게 그 마음을 나타내고 있나요?		
행동적 사고	5	두꺼비가 단추를 잃어버렸을 때 개구리는 어떻게 했나요? 그렇다면 개구리는 어디서 어떻게 했나요?		
		또 다른 방법이 있을까요?		
규범적 사고	6	개구리는 두꺼비를 도와야 하나요?(예, 아니오)		
		왜 그렇게 생각하나요?		
감정 이입적 사고	7	단추를 잃어버렸을 때 두꺼비는 어떤 기분이었지요? 개구리는 두꺼비의 마음이 어떻다고 생각했을까요?		
		왜?		
	8	단추를 찾았을 때 두꺼비는 어떤 기분이었지요? 개구리는 두꺼비의 마음이 어떻다고 생각했을까요?		
		왜?		

〈표 14〉 배려적 사고의 사후 검사 질문지

반:	유아명:	(남, 여)	면접일:	년 월 일
주제	번호	내용	유아 반응	점수
가치 부여적 사고	1	두꺼비는 무엇을 기다렸나요? 왜 기다렸나요?		
	2	왜 개구리는 두꺼비와 함께 기다려줬을까요?		
정서적 사고	3	편지를 받지 못했을 때 두꺼비의 마음은 어떠했을까요? 그렇다면 두꺼비는 어떻게 그 마음을 나타내고 있나요?		
	4	편지를 받았을 때 두꺼비의 마음은 어떠했을까요? 그렇다면 두꺼비는 어떻게 그 마음을 나타내고 있나요?		
행동적 사고	5	두꺼비가 편지를 받지 못했을 때 개구리는 어떻게 했나요? 그리고 개구리는 어디서 어떻게 했나요?		
		또 다른 방법이 있을까요?		
규범적 사고	6	개구리는 두꺼비를 도와야 하나요?(예, 아니오)		
		왜 그렇게 생각하나요?		
감정 이입적 사고	7	편지를 받지 못했을 때 두꺼비는 어떤 기분이었지요? 개구리는 두꺼비의 마음이 어떻다고 생각했을까요?		
		왜?		
	8	편지를 받았을 때 두꺼비는 어떤 기분이었지요? 개구리는 두꺼비의 마음이 어떻다고 생각했을까요?		
		왜?		

2) 채점 방법

먼저 유아의 반응을 세 가지로 범주화한 평가 기준에 따라 분류하고, 평가 기준에 따라 정해진 배점으로 채점한다. 배려적 사고의 5가지 유형에 대한 각각의 평가 기준과 배점은 〈표 15〉와 같다.

〈표 15〉 배려적 사고의 평가 기준

배려적 사고 유형	평가 기준	배점
가치부여적 사고	• 제시된 상황에 관한 언급을 못하거나 가치부여적인 이유와 관련이 없는 말을 한다.	1
	• 상황에 대하여 표면적인 이유를 말한다.	2
	• 제시된 상황에 대하여 가치를 부여한다.	3
규범적 사고	• 실제 도와주는 것에 관심이 없거나 관련이 없는 말을 한다.	1
	• 도와줘야 한다고 생각은 하지만 표면적인 이유를 말한다.	2
	• 규범을 고려하여 당위성과 함께 이유를 말한다.	3
정서적 사고	• 상대방에 대하여 관심이 없거나 관련이 없는 말을 한다.	1
	• 상대방에 대하여 단순하게 정서적인 용어로 표현한다.	2
	• 상대방에 대하여 구체적인 정서적 용어로 표현한다.	3
감정이입적 사고	• 상대방의 입장에 대하여 공감하지 못하거나 관련이 없는 말을 한다.	1
	• 상대방의 입장에 대하여 공감하나 표면적인 이유를 말한다.	2
	• 상대방의 입장에 대하여 공감하고 이유를 말한다.	3
행동적 사고	• 제시된 상황에 대하여 실천적인 도움을 제시하지 않거나 실천적 행동과 관련한 의지가 없다.	1
	• 제시된 상황에 대하여 실천적인 도움을 제시한다.	2
	• 직접적인 행동적 도움과 함께 또 다른 대안을 제시한다.	3

무응답은 0점으로 처리하며, 〈표 15〉의 배려적 사고 검사의 내용에서 제시되었듯이 '가치부여적 사고', '정서적 사고', '감정이입적 사고' 유형의 경우처럼 크게 2개 항목으로 질문을 구성하고, 각각의 항목이 2개 이상의 세부 질문으로 또다시 나누어지면 세부 질문에 대하여 각각 배점한 후 이를 평균한 점수를 최종 기록한다. 예를 들어, 가치부여적 사고는 제1문항 "두꺼비는 무엇을 잃어버렸어요? 잃어버린 단추를 어떻게 했어요? 왜 찾으러 다녔나요?"와 "개구리는 두꺼비의 단추 찾는 것을 왜 도와줬을까요?"와 같이 2문항으로 구성되어 있다. 이때 제1문항에 포함된 관련 질문 3개에 대한 각각의 배점은 평균하여 1항목의 점수로 기입한다.

정서적 사고의 평가 기준에서 단순하게 정서적인 용어로 표현한다(2점)는 것은 상대방에 대하여 한 가지 어휘의 기본적인 정서적 표현을 말하며, 구체적인 정서적 용어로 표현한다(3점)는 것은 상대방에 대하여 두 가지 어휘 이상의 세분화된 정서적 표현을 말한다.

2. 배려적 사고의 관찰척도(교사용)

철학적 탐구공동체 활동에 따른 유아의 배려적 사고 수행능력을 알아보기 위하여 교사의 관찰척도에 의한 사전 · 사후 검사를 비교한다.

교사의 관찰척도는 Lipman(2003)이 제시한 배려적 사고의 유형별 특성을 근거로 제작되었다. Lipman은 배려적 사고를 5가지 유형으로 구분하여 설명하고 그에 따른 38가지 특성만 제시했을 뿐 구체적인 언급이 없어 본 저자가 38가지 특성에 대한 정의를 구체화하고, 이를 근거로 교실 상황에서 나타날 수 있는 유아들의 행동에 관한 내용으로 문항을 작성하였다(이춘희, 2007). 배려적 사고의 5가지 유형별 38가지 특성에 대하여 교실 상황에서 나타날 수 있는 유아들의 행동에 관한 내용으로 문항을 작성하기 위하여 먼저 우리나라 연구에서 사용되고 있는 '아동의 사회적 유능성'에 관한 도구와 '친사회적 행동검사' 도구들을 참고하였다. 그 이유는 우리나라에 배려적 사고에 관하여 독립적으로 개발된 평가 도구가 없고, 이제까지 유아교육 영역에서 배려는 사회적 유능성 또는 친사회적 행동의 한 요소로 구성된다고 보아 왔기 때문이다.

배려적 사고는 가치부여적 · 규범적 · 정서적 · 감정이입적 · 행동적 측면의 사고를 요구하는 만큼, 유아교육에서 사회성의 한 요소로 사용하는 의미보다 배려의 의미 영역이 보다 포괄적이다.

교사의 관찰척도는 5개의 하위유형으로 구성되는데, 가치부여적 사고 8문항, 규범적 사고 7문항, 정서적 사고 7문항, 감정이입적 사고 8문항, 행동적 사고 8문항의 총 38문항으로 구성되었다. 교사는 각 문항에 대하여 유아가 언어적으로 표출하고 행동적으로 나타난 것을 관찰하여 '전혀 그렇지 않다(1점)'에서 '매우 그렇다(4점)'까지의 4점 척도로 응답하였다. 가능한 배점의 범위는 38점에서 총점 152점이며, 점수가 높을수록 유아가 평소 배려적으로 행동하여 교사에게 배려적 사고 수행능력이 높다고 평가되었음을 의미한다.

유아의 배려적 사고에 대한 교사의 관찰척도는 〈표 16〉과 같다.

〈표 16〉 배려적 사고의 관찰척도(교사용)

다음의 문항들은 유아의 공동체 생활 속에서 나타나는 배려적 사고 수행에 관한 것입니다. 각 문항마다 해당 유아가 보여주는 평소의 행동에 대하여 제시된 기준('매우 그렇다'부터 '전혀 그렇지 않다'까지)에 따라 평가하여 주십시오.

반 : ____ 이름 : ________ (남, 여) 생년월일 : ________ 평가일시 : ________

하위 항목	문항	문항내용	① 전혀 그렇지 않다	② 거의 그렇지 않다	③ 가끔 그렇다	④ 매우 그렇다
가치부여적 사고	소중히 여기기	1. 또래들의 물건을 소중히 다룬다.(예: 또래가 만든 작품을 함부로 다루지 않기, 빌린 물건 잘 쓰고 갖다 주기, 교구 사용 후 제자리에 바르게 놓기)				
	가치 있게 여기기	2. 또래가 적절한 의견을 제시할 경우 이를 높이 인정한다. (예: 유아가 스스로 의견을 내는 경우)				
	축하하기	3. 또래의 행동에 대해서 손뼉을 치거나 웃음으로 함께 즐거워하고 기뻐해 준다.				
	마음에 간직하기	4. 또래와의 좋은 경험들을 이야기 나누기 시간이나 놀이 시 기억하거나 회상한다.				
	감탄하기	5. 또래와의 상호작용 시 상대방의 의견이나 행동에 깊이 감동하여 적극적이고 긍정적으로 표현한다. (예: '와', '그래', '맞아')				
	존중하기	6. 또래들의 의견이나 생각을 아끼고 소중히 여겨 조건 없이 언어적(비언어적)으로 인정해 준다. (예: 이야기 나누기 시간에 또래의 발표 내용에 대해 긍정적으로 수용하기)				

	보존하기	7. 교구나 교재를 보호하고 간수하여 잘 보존한다. (예: 쓰고 남은 재료들을 함부로 버리지 않고 잘 담아두기, 찢어진 책을 직접 테이프로 붙이거나 교사에게 부탁하기)				
	칭찬하기	8. 또래의 좋은 행동이나 말을 정확히 인식하여 이를 좋게 말해준다. (예: '멋지다', '잘한다')				
규범적 사고	요구하기	9. 문제 상황을 해결하거나 필요한 사항에 대해 또래에게 수행하도록 언어적으로 표현한다. (예: "장난감 치워야지", "내 뒤(앞)에 잘 서")				
	의무 다하기	10. 주어진 바를 적절하게 실천한다. (예: 정해진 당번 역할을 충실히 하기, 차례 지키기, 장난감 정리정돈)				
	강제적 의무 따르기	11. 제시된 규칙을 준수한다. (예: 또래 때리지 않기, 어린이집 장난감을 집으로 가져가지 않기, 실내에서 뛰지 않고 걷기)				
	적절함 알기	12. 상황에 적합하거나 적절한 행동을 한다. (예: 상황에 맞게 작은 소리 또는 큰 소리로 말하기, 또래의 도움을 받았을 때 "고마워"라고 말하기, 쓰레기는 쓰레기통에 버리기, 식사 시간에 돌아다니며 먹지 않고 제자리에 앉아 식사하기)				
	권면하기	13. 또래로 하여금 정해진 규칙 및 예의를 지키도록 말하여 또래가 행하도록 한다. (예: "우리 같이 하자", "내가 도와줄게"라는 말과 함께 실제 행하도록 함)				

	강하게 요구하기	14. 자신의 권리와 목적하는 바를 이루기 위해 언어적으로 자신의 생각을 또래에게 강하게 표현한다. (예: 놀이 시 또래가 끼어들거나 방해할 때 "지금은 내가 하는 시간이야" 또는 "내 차례야", "방해하지 마"라고 말하기)				
	기대하기	15. 또래들과 놀이 시(생활 속에서) 정해진 규칙 및 예의를 지켜 바람직하거나 긍정적인 결과가 이뤄지길 바란다. (예: "선생님, 우리는 줄 서야 되는 거죠.", "~야, 우리 같이 놀기로 했잖아" 하고 말하기)				
정서적 사고	좋아하기	16. 자신을 싫어하든 좋아하든 또래에게 관심을 갖고 긍정적인 관계를 유지하려는 태도를 보인다.				
	사랑하기	17. 모든 또래들을 아끼고 좋아하여 사이좋게 지낸다.				
	길러주기	18. 동물이나 식물을 아끼고 돌본다.				
	경의를 표하기	19. 또래의 우수한 재능이나 태도를 높이 인정한다. (예: 창의적으로 만든 작품, 뛰어난 노래 · 춤 · 연주 등에 대해 높이 인정하는 것)				
	화해하기	20. 다툼이 있는 또래들이 서로 양보하여 다툼을 그치고 원만하고 조속히 해결한다.				
	친근하기	21. 친밀한 관계를 맺거나 유지하고 싶은 또래에게 미소를 보이거나 친절한 행동을 나타내며 접근하려는 시도를 한다.				

	격려하기	22. 어려운 상황을 겪는 또래에게 힘을 북돋아 주는 말(행동)을 한다. (예: 정해진 시간 안에 작업을 끝내지 못한 또래에게 "괜찮아, 내일 하면 돼", "어렵지 않아, 이렇게 하면 돼"라고 말(행동)하는 것)				
감정이입적 사고	고려하기	23. 또래의 마음을 헤아려서 그 상황에 적절한 방법(말, 표정, 태도 등)으로 대한다. (예: 또래가 자신의 상황을 다른 또래에게나 교사에게 잘 전달하지 못할 때 대신 부연 설명하는 경우, 또래간의 싸움 상황을 보고 적절히 중재하는 경우, 화가 났거나 슬퍼하는 또래에게 조심스럽게 다가가는 경우)				
	동정하기	24. 슬프거나 속상해 하는 또래에게 다가가서 함께 슬퍼하고 위로한다. (예: '울지마' 라고 말하기, 토닥거려주기)				
	성원보내기	25. 또래의 작품을 아끼고 돌본다. (예: 자유선택활동에서 만든 또래의 작품을 잘 챙기거나 보관하여 전시하기, 간직하여 집에 가져가도록 돕기)				
	주의를 기울여 돌보기	26. 자신보다 약하거나 체구가 작은 또래에게 보호본능에 의해 지속적으로 돌봐주고 챙겨준다. (예: 가방 들어주기, 옷 입는 것 도와주기, 간식 챙겨주기, 장애우 돌보기)				
	연대감 갖기	27. 상대의 감정이나 생각을 내면화하여 자신의 것으로 받아들임으로써 동질감을 갖는다. (예: '너랑 나랑 한 편이야', '우리는 같은 편이야')				

	세심하게 주의를 기울이기	28. 최상 또는 최선의 결과를 얻기 위하여 실수하지 않도록 조심하거나 몰두한다. (예: 또래와 함께 구조물 만들기 또는 가작화 놀이에 깊이 몰두하기)				
	신중해지기	29. 또래의 생각에 대해 장난삼아 가볍게 듣거나 행동하지 않고 진실성을 담아 이해하는 모습을 보인다.				
	상상하기	30. 또래의 주어진 상황이나 행동을 보고 그와 관련하여 앞으로 발생 가능한 결과를 생각해 낸다. (예: "너 그렇게 하면 다쳐", "조심해, 엎지르면 옷이 젖잖아", "뛰지마, 넘어져")				
행동적 사고	조직하기	31. 또래들에게 먼저 놀이를 제안하고 놀이 내용이나 방법을 구성한다. (예: 게임 규칙 정하기, 역할 정하기)				
	참여하기	32. 또래와의 놀이나 작업에 즐거워하며 열심히 참여한다.				
	관리하기	33. 또래들과 함께 있는 상황에서 필요한 요소를 찾고 적절한 선택이나 대안을 제시한다. (예: 규칙을 놀이 상황에 적용하는 과정에서 나타나는 오류를 수정하거나 가르쳐주면서 문제해결을 잘 해 나가는 것)				
	실행하기	34. 또래와 함께 처한 상황에서 벌어진 일이 이뤄질 수 있도록 참여하여 실천한다.(예: 놀이 계획을 실제로 행하는 것, 협동 작업을 또래에게 미루거나 시간을 지체하지 않고 제시간에 행하는 것)				

	구축하기	35. 또래 관계나 자신의 주위환경을 적극적으로 보다 낫게 변화시킨다. (예: 또래에게 친근하게 접근하여 친구관계 형성하기, 협동하여 크고 멋진 구성물 만들기)				
	공헌하기	36. 또래가 문제를 해결하지 못하여 도움을 요청하거나 요청하지 않아도 참여하여 과제를 해결할 수 있도록 정보, 의견, 행동으로 도움을 준다.				
	완수하기	37. 또래와의 놀이 상황이나 주어진 상황에서 목적을 달성하기 위해 자신의 역할을 끝까지 충실히 해낸다.				
	구하기	38. 또래가 어렵거나 위태로운 상황에 처해 있음을 인식하고 이를 돕기 위해 노력한다. (예: 또래를 위해 교사나 도움을 줄만한 또래에게 도움 요청하기)				

3. 자료 전사 및 분석

철학적 탐구공동체 활동과정에서 나타난 유아의 배려적 사고를 분석하기 위해서 철학적 탐구공동체 활동을 실시한 실험집단 유아의 활동과정을 비디오로 녹화하여 토론 및 활동 사례를 전사하고 분석하는 방법을 사용하였다. 자료 전사 및 분석 방법은 유아들의 인지적 발달을 질적으로 알아볼 수 있으며 교실 전체의 역동성을 찾아볼 수 있다.

제 2 장 유아의 배려적 사고 교육의 평가 실제

본 장에서는 유아교육에 적용한 철학적 탐구공동체 활동을 통하여 유아의 배려적 사고 변화와 대화 내용의 변화, 토론의 상호작용 변화의 결과를 살펴보고자 한다.

연구 문제

본 연구에서는 구체적으로 다음과 같은 연구 문제를 다루고자 한다.

첫째, 철학적 탐구공동체 활동 유무에 따라 유아의 배려적 사고와 사고 수행능력에는 차이가 있는가?

- 배려적 사고에는 차이가 있는가?
- 배려적 사고수행 능력에는 차이가 있는가?
- 배려적 사고 및 배려적 사고 수행능력은 성별에 따라 차이가 있는가?

둘째, 철학적 탐구공동체 활동의 과정에서 유아의 배려적 사고는 어떻게 나타나는가?

- 배려적 사고 중 어떠한 유형 및 특성이 나타나는가?
- 배려적 사고의 특징은 어떠한 변화를 보이는가?

연구 대상

5세 남아 11명, 여아 11명

연구 절차

본 연구는 ① 예비조사 ② 사전검사 ③ 배려적 사고 증진을 위한 본 실험 ④ 사후 검사 순으로 이루어졌다.

① 예비조사

본 실험에 들어가기에 앞서 검사 도구의 타당성, 동화 내용의 수준 등을 검토하기 위하여 2007년 3월 20일부터 3월 21일까지 K유치원 유아 16명을 대상으로 예비조사를 실시하였다.

다음으로 교사의 배려적 사고 관찰척도에 대한 이해 정도와 검사지 질문이 유치원 현장에서 자주 일어나는 행동을 기술하고 있는지 알아보기 위하여 2007년 3월 21일에 위의 K유치원 만 5세 2개 반의 교사 2명을 대상으로 예비조사를 실시하였다.

② 사전 검사

a. 사전 검사 1: 유아의 배려적 사고 검사 질문지

철학적 탐구공동체 활동을 실시하기 이전에 실험집단 유아와 비교집단 유아들에 대하여 배려적 사고 검사를 실시하였다. 사전 검사는 2007년 4월 2일부터 4월 5일까지 일대일 면접방법으로 실시되었다. 동화를 읽어준 후 검사자의 질문에 대해 유아가 말로 표현하면 검사자가 기록하는 방법을 사용하였다.

b. 사전 검사 2: 교사 관찰척도

일상생활에서 언어적으로 표출하거나 행동으로 나타내는 유아의 배려적 사고 수행능력을 평가하기 위하여, 연구자는 연구대상 두 집단의 교사들에게 유아의 배려적 사고 관찰척도를 먼저 읽게 한 후에 이해가 되지 않는 부분이 있는지 물어보고, 관찰척도 실시 상의 유의점을 주지시킨 후 척도에 응답하게 하였다. 사전 검사는 2007년 3월 26

일부터 4월 5일까지 3일 간격으로 3회 실시되었다.

③ 배려적 사고 증진을 위한 본 실험

유아의 배려적 사고의 증진을 위해, 실험집단에 대해 유아용 철학동화 「인형병원」을 교재로 사용하여 2007년 4월 6일부터 7월 11일까지 13주 동안 실시되었다.

④ 사후 검사

a. 사후 검사 1: 유아의 배려적 사고 검사 질문지

실험집단과 비교집단 모두에게 사전 검사와 유사한 과정으로 2007년 7월 12일부터 2007년 7월 18일까지 사후 검사가 실시되었다.

b. 사후 검사 2: 교사 관찰척도

교사 관찰척도에 의한 사후 검사는 연구 대상 실험집단반과 비교집단반의 담임교사 두 명에 의해 2007년 7월 9일부터 7월 20일까지 3일 간격으로 3회에 걸쳐 사전 검사와 동일하게 실시되었다.

자료 분석 방법

첫 번째 연구 문제인 철학적 탐구공동체 활동 유무에 따라 유아의 배려적 사고에 차이가 있는지를 검증하기 위하여 먼저 사전 검사를 공변인, 사후 검사를 종속변인으로 하여 공분산 분석(ANCOVA)을 실시하였다. 또한 유아의 배려적 사고 수행능력을 알아보기 위하여 교사의 관찰에 의한 배려적 사고 관찰척도의 사전 · 사후 점수 결과를 사전 검사를 공변인으로 하고 사후 검사를 종속변인으로 한 공분산 분석을 실시하였다. 다음으로는 유아의 집단별, 성별 배려적 사고 차이와 배려적 사고 수행능력 차이를 분석하기 위하여 이원 공분산 분석(2-way ANCOVA)을 적용하였다.

두 번째 연구문제인 철학적 탐구공동체 활동과정에서 나타난 유아의 배려적 사고를 분석하기 위해서는 자료전환의 과정을 먼저 거쳤다. 즉, 철학적 탐구공동체 활동을 실시한 실험집단 유아의 활동과정이 녹화된 토론 및 활동 사례를 전사하였으며 전사 내용을 배려적 사고의 5가지 유형별로 분류한 후, 38가지 특성에 적합한 사례를 선정하여 그 내용을 분석하였다. 이렇게 전환된 자료를 바탕으로 하여 유아의 활동과정 분석은 다음과 같이 이루어졌다.

첫째, 철학적 탐구공동체 활동의 과정에서 유아의 배려적 사고가 어떻게 나타나는지를 알기 위하여 연구자는 먼저 유아의 배려적 사고의 5가지 유형에 따른 38가지 특성에 대해 조작적 정의를 내렸다. Lipman(2003)은 배려적 사고의 5가지 유형과 38가지 특성이 있다는 목록만 제시했을 뿐 각 특성에 대한 구체적인 언급이 없었던 바, 연구자는 일반 사전적 의미, 철학용어 사전적 의미, 용어 관련 전문 지식을 통합적으로 정리 요약하여 정의를 내렸다. 배려적 사고의 5가지 유형 및 38가지 특성에 대한 정의는 배려적 사고의 유형에서 제시한 바 있다.

다음으로, 연구자는 녹화된 비디오를 전사한 후 전사된 내용을 배려적 사고의 5가지 유형별로 분류하였으며, 위에 제시한 38가지 특성의 조작적 정의를 기준으로 예문을 38가지 특성으로 나눈 다음 특성을 가장 잘 나타낸 예문을 선정하여 분석하였다.

둘째, 배려적 사고의 특징이 어떠한 변화를 나타내는지를 알아보기 위하여 배려적 사고의 변화, 배려적 사고와 관련된 어휘의 변화, 주제 '인형'에 관한 유아의 사고 변화, 자기 수정적 사고의 변화, 토론의 주도성 변화 과정을 분석하였다. 자기 수정적 사고의 변화를 분석한 이유는 자기 수정은 윤리적 탐구에서 이유를 찾는 것과 아울러 더 좋은 이유를 찾는 탐구로서, 행동 그 자체보다도 행동에 대한 해명, 즉 합당성을 강조하는 것이다. 윤리적 탐구에 있어서 자기 수정에 대한 강조는 일종의 건전한 근거를 중요시하는 윤리(good-reasons ethics)에서 나타난다. 배려적 사고는 윤리적 탐구인 바 배려적 사고의 변화에서 자기 수정적 사고의 변화를 분석하는 것이 필요하다.

셋째, 토론의 주도성 변화 분석 역시, 철학적 탐구공동체는 윤리 탐구공동체(Sprod, 2001)로서, 자율성 개발은 공동체 활동의 중요한 요소 중의 하나이다. 또한 윤리적 탐구의 절차는 공동체 자체에 의해 존중되고 실행되는 것으로 토론의 상호작용을 분석하는 것 역시 필요하다고 볼 수 있다.

따라서 녹화된 비디오를 전사한 자료에 대하여

① 배려적 사고의 변화, ② 배려적 사고와 관련된 어휘의 변화, ③ 주제 '인형'에 대한 사고의 변화, ④ 자기 수정적 사고의 변화, ⑤ 토론의 상호작용 변화의 분석은 총 24차시까지 진행된 철학적 탐구공동체 활동 중 중심 주제에 대한 토론은 16회였으며 그중 초기, 중기, 말기에서 4회를 선정하여 배려적 사고의 특징과 관련된 해당 자료를 분석하였다.

연구 결과

1. 철학적 탐구공동체 활동 유무에 따른 유아의 배려적 사고의 차이

1) 유아의 배려적 사고 집단 간 차이 검증

철학적 탐구공동체 활동이 유아의 배려적 사고 증진에 효과가 있는지를 검증하기 위하여 실험집단에게 탐구공동체 활동을 실시하여 배려적 사고에 대한 사전 · 사후 검사 점수를 비교하였다.

〈표 17〉 실험집단과 비교집단 유아의 배려적 사고 관찰척도의 사전 · 사후 검사의 평균과 표준편차

변인	집단	사례 수	사전 검사		사후 검사	
			평균	표준편차	평균	표준편차
배려적 사고	실험집단	22	9.73	1.67	12.72	1.48
	비교집단	23	9.43	2.60	10.52	2.40

실험집단의 배려적 사고 총점은 사전 검사에서는 평균 9.73(SD 1.67)이었으나 사후 검사에서의 평균점수는 12.72(SD 1.48)로 나타나 2.99점이 증가하였다. 비교집단은 배려적 사고 검사 총점이 사전 검사에서는 평균 9.43(SD 2.60)이었으나 사후 검사에서는 평균 10.52(SD 2.40)를 보여, 1.09점이 증가하였다. 즉, 실험집단의 배려적 사고 총점이 비교집단의 배려적 사고 점수와 비교하여 상대적으로 실험 전보다 증가했음을 알 수 있다.

이러한 두 집단에서의 평균점수의 차이가 통계적으로 유의한지를 알아 본 결과 〈표 18〉에서 보여주듯이, 유의미한 차이가 있는 것으로 나타났다[$F(1,42)=13.05$, $p<.001$]. 이러한 결과를 통해서 실험집단 유아(M=12.72)의 배려적 사고가 비교집단 유아(M=10.52)의 경우보다 더욱 증진되었다고 할 수 있다.

〈표 18〉 실험집단과 비교집단 유아의 배려적 사고 검사의 결과

변인	변량원	자유도	자승화	평균자승화	F
배려적 사고	공변인	1	.96	53.47	.235
	집단간	1	35.73	35.73	13.05***
	오차	42	172.14	4.10	
	전체	45	6283.00		

***$p<.001$

배려적 사고의 5가지 유형별로 나타난 집단 간 점수 차이가 통계적으로 유의한지를 알아본 결과는 〈표 19〉와 같다.

배려적 사고의 5가지 유형별로 살펴보면, 두 집단의 정서적 사고 [F(1,42)=20.16]와 행동적 사고[F(1,42)=12.21], 가치부여적 사고 [F(1,42)=4.33]와 감정이입적 사고[F(1,42)=4.29]는 유의미한 차이를 나타내었다. 이상 네 가지 유형의 경우, 실험집단의 점수가 비교집단보다 통계적으로 유의하게 높은 것으로 나타났다. 그러나 규범적 사고에서는 유의미한 차이가 발견되지 않았다.

〈표 19〉 실험집단과 비교집단 유아의 배려적 사고 관찰척도의 사전 · 사후 검사 점수 및 공분산 분석 결과

배려적 사고 유형	집단	사례 수	사전 검사		사후 검사		F
			평균	표준편차	평균	표준편차	
가치부여적 사고	실험집단	22	2.04	.59	2.30	.25	4.33*
	비교집단	23	1.91	.57	1.93	.74	
규범적 사고	실험집단	22	2.14	.71	2.57	.66	2.36
	비교집단	23	2.04	.82	2.26	.69	
정서적 사고	실험집단	22	2.13	.28	2.77	.34	20.16***
	비교집단	23	2.15	.38	2.28	.39	
감정이입적 사고	실험집단	22	1.73	.65	2.41	.43	4.29*
	비교집단	23	1.67	.73	1.96	.92	
행동적 사고	실험집단	22	1.68	.99	2.68	.57	12.21***
	비교집단	23	1.65	.83	2.09	.60	

*p〈.05 **p〈.01 ***p〈.001

2) 유아의 배려적 사고 수행능력의 집단 간 차이 검증

철학적 탐구공동체 활동 유무에 따른 배려적 사고와 행위가 유치원 생활에 영향을 미치는가를 검증하기 위하여, 실험집단과 비교집단의 담임교사로 하여금 교사 관찰척도에 대한 사전·사후 검사 점수를 통하여 유아의 배려적 사고 수행능력을 비교하였다. 실험집단과 비교집단 유아의 배려적 사고 관찰척도에 대한 차이 비교를 위해 평균과 표준편차를 제시하면 〈표 20〉과 같다.

〈표 20〉 실험집단과 비교집단 유아의 배려적 사고 관찰척도의 사전·사후 검사의 평균과 표준편차

변인	집단	사례 수	사전 검사		사후 검사	
			평균	표준편차	평균	표준편차
배려적 사고 수행능력	실험집단	22	120.26	16.97	132.64	10.38
	비교집단	23	118.59	19.83	125.43	13.55

실험집단의 배려적 사고 관찰척도 총점이 높다는 것은 배려적 사고의 수행능력이 높다는 것을 의미한다. 교사의 관찰척도에서 실험집단의 사전 검사는 평균 12.38점이 증가하였다. 비교집단은 배려적 사고 관찰척도 총점이 평균 6.84점이 증가하였다. 즉, 실험집단의 배려적 사고 관찰척도 총점이 비교집단의 배려적 사고 관찰척도 총점과 비교하여 상대적으로 실험 전보다 증가했음을 알 수 있다.

이러한 두 집단에서의 평균점수의 차이가 통계적으로 유의한지를 알아본 결과는 〈표 21〉과 같다.

〈표 21〉 실험집단과 비교집단 유아의 배려적 사고 관찰척도의 결과

변인	변량원	자유도	자승화	평균자승화	F
배려적 사고	공변인	1	2938.86	2938.86	36.70
	집단간	1	467.92	467.92	5.84*
	오차	42	3363.0	80.07	
	전체	45	755214.1		

*p 〈 .05

〈표 21〉에서와 같이 배려적 사고 관찰에 대한 집단 간에 통계적으로 유의미한 차이가 나타났다[F(1,42)=5.84 p〈.05]. 이러한 결과를 통해서 실험집단 유아(M=132.64)가 비교집단 유아(M=125.43)보다 배려적 사고 수행능력이 더욱 증진되었다고 할 수 있다. 배려적 사고 관찰척도의 5가지 유형별로 살펴보면 〈표 22〉와 같다.

〈표 22〉 실험집단과 비교집단 유아의 배려적 사고 관찰척도의 사전 · 사후 검사 점수 및 공분산 분석 결과

배려적 사고 유형	집단	사례 수	사전 검사		사후 검사		F
			평균	표준편차	평균	표준편차	
가치부여적 사고	실험집단	22	25.91	3.78	27.56	2.87	1.19
	비교집단	23	26.32	4.46	26.99	3.41	
규범적 사고	실험집단	22	22.15	3.0	23.79	2.20	.30
	비교집단	23	23.17	3.58	24.20	2.17	
정서적 사고	실험집단	22	21.94	3.36	25.08	2.12	11.34**
	비교집단	23	22.50	5.38	22.90	2.51	
감정이입적 사고	실험집단	22	24.22	3.99	27.50	2.76	5.75*
	비교집단	23	22.51	5.38	24.99	3.52	
행동적 사고	실험집단	22	26.03	4.28	28.71	2.86	6.97*
	비교집단	23	25.17	5.13	26.36	3.55	

*p〈.05 **p〈.01

배려적 사고 관찰척도의 5가지 유형별로 살펴보면, 정서적 사고 [F(1, 42)=11.34]는 p<.01의 수준에서 유의미한 차이를 보였으며, 감정이입적 사고[F(1,42)=5.75]와 행동적 사고[F(1,42)= 6.97]는 p<.05 수준에서 유의미한 차이를 나타내었다. 이상 세 가지 유형의 경우, 실험집단의 점수가 비교집단보다 통계적으로 유의한 것으로 나타났다. 그러나 가치부여적 사고 관찰척도와 규범적 사고 관찰척도에서는 유의미한 차이가 발견되지 않았다.

3) 유아의 배려적 사고 및 배려적 사고 수행능력의 성별차 검증

(1) 유아의 배려적 사고의 성별차 검증

철학적 탐구공동체 활동 유무에 따라 남녀의 배려적 사고에 차이가 있는지를 검증하기 위하여 배려적 사고에 대한 사전 · 사후 검사 점수를 비교하였다. 그 결과는 〈표 23〉과 같다.

〈표 23〉 실험집단과 비교집단 남녀 유아의 배려적 사고에 대한 사전 · 사후 검사의 평균과 표준편차

변인	집단	성별	사례 수	사전 검사		사후 검사	
				평균	표준편차	평균	표준편차
배려적 사고	실험집단	남	12	9.00	1.68	12.42	1.64
		여	10	10.60	1.24	13.10	1.26
	비교집단	남	12	9.88	2.34	10.92	2.10
		여	11	8.95	2.90	10.09	2.73

실험집단의 배려적 사고검사에서 실험집단 남아는 비교집단의 남아보다 평균 2.38 증가하였으며, 실험집단의 여아는 비교집단의 여아보다 평균 1.36 더 증가하였다. 실험집단 남녀의 배려적 사고 평균점수는 비교집단 남녀의 배려적 사고 평균점수와 비교하여 상대적으로 실

험 전보다 증가했음을 알 수 있다.

이러한 두 집단 남녀 유아의 평균점수의 차이가 통계적으로 유의한지를 알아본 결과는 〈표 24〉와 같다.

〈표 24〉 실험집단과 비교집단의 배려적 사고의 남녀 차이 분석 결과

변량원	자유도	자승화	평균자승화	F
집단간	1	55.98	55.98	13.44**
성별	1	.068	.068	.02
집단별×성별	1	5.44	5.44	1.31
오차	40	166.57	4.16	
전체	45	6283.00		

**p〈.01

〈표 24〉에 나타난 결과에 따르면, 두 집단 각각은 통계적으로 유의미한 차이가 없는 것으로 나타났으며[F(1,40)=.02, p〉.05], 두 집단 각각에서 성별간의 상호작용 효과는 없는 것으로 나타났다. 이러한 결과를 통해서 실험집단과 비교집단 유아는 각각 배려적 사고에 있어 통계적으로 남녀간에 차이가 없다고 할 수 있다.

(2) 유아의 배려적 사고 수행능력의 성별차 검증

철학적 탐구공동체 활동 유무에 따라 교사의 배려적 사고 관찰척도에 의해 남녀 유아의 배려적 사고 수행능력에 차이가 있는지를 검증하기 위하여 배려적 사고 관찰척도에 대한 사전 · 사후 검사 점수를 비교하였다. 실험집단과 비교집단 남녀 유아의 배려적 사고 관찰척도에 대한 차이 비교를 위해 평균과 표준편차를 제시하면 〈표 25〉와 같다.

〈표 25〉 실험집단과 비교집단의 남녀 유아의 배려적 사고 관찰척도의 사전 · 사후 검사의 평균과 표준편차

변인	집단	성별	사례 수	사전 검사		사후 검사	
				평균	표준편차	평균	표준편차
배려적 사고	실험 집단	남	12	117.89	15.34	132.94	9.65
		여	10	123.10	19.17	132.27	11.72
	비교 집단	남	12	117.03	16.04	123.92	14.42
		여	11	120.30	23.99	127.09	13.01

실험집단의 배려적 사고 관찰척도에서 실험집단의 남아는 비교집단의 남아보다 평균 8.16 증가하였으며, 실험집단의 여아는 비교집단의 여아보다 평균 2.28 더 증가하였다. 실험집단 남녀의 배려적 사고 관찰척도의 평균점수는 비교집단 남녀의 배려적 사고 관찰척도의 평균점수와 비교하여 상대적으로 실험 전보다 증가했음을 알 수 있다.

이러한 두 집단 남녀 유아의 평균점수의 차이가 통계적으로 유의한지를 알아보았다. 그 결과는 〈표 26〉과 같다.

〈표 26〉 실험집단과 비교집단 배려적 사고 관찰척도의 남녀 차이 분석 결과

변량원	자유도	자승화	평균자승화	F
집단간	1	439.62	439.62	5.33*
성별	1	4.88	4.88	.06
집단별×성별	1	62.39	62.39	.76
오차	40	3296.66	82.42	
전체	45	755214.1		

*p〈.05

〈표 26〉에 나타난 결과에 따르면, 두 집단 각각은 통계적으로 유의미한 차이가 없는 것으로 나타났으며[F(1, 40)=.06 p〉.05], 두 집단 각

각에서 성별간의 상호작용 효과는 없는 것으로 나타났다. 이러한 결과를 통해서 실험집단과 비교집단 유아는 각각 배려적 사고 수행능력에 있어 통계적으로 남녀 간에 차이가 없다고 할 수 있다.

2. 철학적 탐구공동체 활동과정에서 유아의 배려적 사고의 내용 및 변화

1) 유아의 배려적 사고의 유형 및 특성 내용 분석

실험기간 동안 철학적 탐구공동체 활동에서 유아들의 배려적 사고의 5가지 유형과 38가지 특성이 나타났다. 배려적 사고의 5가지 유형별로 살펴보면 '가치부여적 사고'는 8가지 특성, 즉 소중히 여기기, 가치 있게 여기기, 축하하기, 마음에 간직하기, 감탄하기, 존중하기, 보존하기, 칭찬하기가 나타났다. '규범적 사고'는 7가지 특성인 요구하기, 의무 다하기, 강제적 의무 다하기, 적절함 알기, 권면하기, 강하게 요구하기, 기대하기가 나타났다. '정서적 사고'는 7가지 특성인 좋아하기, 사랑하기, 길러주기, 경의를 표하기, 화해하기, 친근하기, 격려하기가 나타났다. '감정이입적 사고'는 8가지 특성인 고려하기, 동정하기, 성원 보내기, 주의를 기울여 돌보기, 연대감 갖기, 세심하게 주의를 기울이기, 신중해지기가 나타났다. '행동적 사고'는 8가지 특성인 조직하기, 참여하기, 관리하기, 실행하기, 구축하기, 공헌하기, 완수하기, 구하기가 나타났다.

15개의 주제를 가지고 16회 토론한 결과 배려적 사고와 관련된 예화는 총 253개였다. 유형별로 살펴보면 가치부여적 사고와 관련된 예화가 71개로 가장 많았으며 감정이입적 사고는 58개, 정서적 사고는 39개, 규범적 사고는 51개, 행동적 사고는 34개로 가장 적게 나타났다.

철학적 탐구공동체 활동에서 나타난 유아의 배려적 사고 5가지 유형과 38가지 특성 내용을 구체적으로 분석해 보면 다음과 같다.

(1) 가치부여적 사고

가치부여적 사고는 무엇이 가치 있는지 없는지를 평가하는 사고라기보다는, 사고하는 사람이 중요하게 생각하여 관심을 갖고 소중히 여기는 것에 가치를 부여한 사고를 말한다.

토론에서 나타난 가치부여적 사고의 결과를 종합해 보면 다음과 같다.

● 좋은 사람

유아들에게 좋은 사람이란 힘이 세고 집안에서 무엇이나 잘 고쳐주시는 아빠, 나쁜 사람을 잡아주는 경찰 아저씨, 길 가다가 떨어진 것을 주워주는 사람, 길에 쓰러져 있는 사람을 병원에 데려가 살려주는 사람, 양보하는 사람, 할머니에게 효도하는 아이 등이며, 유아들은 자신을 때리려는 남아들로부터 보호해준 친구를 훌륭하다고 칭찬한다.

좋은 사람은 그 자체로 좋기에 그 자체로 선한 것이고, 착한 행위는 좋은 사람을 만들기에 상위의 목적을 위해서 선한 것이다. 결과적으로 선함은 그것이 사람들에게 관계되었을 때, 그들의 도덕적 성격을 말해준다. 유아들은 '분별 있는', '덕 있는', '명예로운', '훌륭한' 삶을 사는 사람을 좋은 사람으로 생각하며, 이런 점에서 가치부여적 사고를 하고 있다. 즉, 유아들은 덕을 실천하는 사람에게 가치를 부여한다. 아리스토텔레스는 어떤 상황에 대한 과부족이 없는 덕의 실천을 강조하고 있다. 다시 말해 중용의 덕을 강조하고 있는 것이다. 중용의 덕을 실천한다는 것은 어떤 일을 해서 마땅한 사람이, 마땅한 정도로, 마땅한 때에, 마땅한 동기에서, 그리고 마땅한 방법으로 일하는 것을 의미하는데, 이는 누구나 할 수 있는 일이 아니며, 또 쉬운 일도 아니다. 그러므로 무릇 잘한다는 것은 희귀한 일이며 또 칭찬할 만하고 고귀한 일이다. 유아들은 아름다움에 대한 진정한 가치도 외면보다는 내면에 부여하였다. 겉모습이 아름답지 않아도 착하면 아름답다는 것이다. 윤리적인 개념에서 착한 행위는 아름다움이다. 따라서 도덕적 삶의 양식은 미적 삶의 양식으로 나타난다.

● 생일 축하

유아들에게 생일은 축하하는 날이다. 유아들은 생일 축하의 '관례에 따라' 케이크를 준비하고 축하 노래와 함께 촛불을 끄는 의식을 생일 축하로 생각한다. 가정에서의 생일축하 또는 유아교육기관에서 한 달에 한 번씩 맞이하는 생일축하 잔치는 유아들에게 자신의 존재가치를 깨닫게 하는 것은 물론 친구를 위해 직접 만든 작품이나 자신의 특기를 통해 축하해 줌으로써 유아들로 하여금 배려자와 피배려자의 역할을 경험해 보는 귀한 시간이라고 볼 수 있다. 자신의 생일에 친구로부터 선물을 받지 못했어도 친구 생일에 선물을 주겠다는 유아, 또는 친구가 원하는 선물을 생일 선물로 주고 싶다고 말하는 유아의 사고를 들여다볼 때 유아가 자기중심적인 사고로 인하여 호혜적인 원리를 이해하지 못하며 이타주의적 사고를 할 수 없다고 한 Piaget의 이론은 반증되고 있다.

● 존중하기

존중한다는 것은 그 대상 자체를 소중하게 여기고 받드는 것이다. 유아들은 친구와 함께 있을 때 귓속말하는 것은 사람을 사람답게 여기는 행동이 아니라고 생각한다. 또 자신이 거부당하거나 따돌림당한다는 느낌을 받을 때, 즉 존중받지 못할 때 점차 자신이 소용이 없다거나 쓸모없다고 여긴다. 유아들은 자기 가치에 대한 의식이 강하지 않기 때문에 다른 사람이 생각하는 식으로 자신을 생각한다. 타인에 대한 편견을 가진 사람들이 타인의 생각을 무시하는 경향이 있는 반면, 거부당한다고 느끼는 사람들은 자신을 스스로 소용이 없다거나 쓸모없다고 여긴다. 인간은 어떤 상태로 태어나든 인간이기에 이미 가장 소중하며, 따라서 존엄하게 대우받아야 한다. 성별, 종교, 피부색, 국적, 빈부차이, 사회적 지위, 신체적 · 정신적 조건 등에 관계없이 인간이라면 누구나 존중받아야 한다. 항상 서로를 사람으로 여겨야 한다는 것은 '반드시 서로를 존중하여야 한다'는 말과 같은 말이다. 다시 말하면 "너는 사람을 절대로 물건으로 다루어서는 안 된다." 혹은 Kant의 "너는 언제나 사람을 목적을 이루기 위한 수단으로서가 아니라 목적 자체로서 대하라."는 언급은 사람을 물건처럼 대하지 말고 사람으로서 존중하라는 말이다. 배려의 공동체를 형성하기 위해서는 유아들이 서로 존중해서 괴롭히지 않고 편견을 갖지 않도록 하는 것이 가장 중요하다.

● 지구 보존하기

유아들은 지구를 보존하는 데 있어 쓰레기를 버리면 지구가 오염되고 망한다고 생각한다. 우리는 주변 환경을 아름답고 건강하게 보존하기 위해서 잘 보호하고 유지하는 일에 함께 동참할 때, 우리를 위해 이러한 일들을 대신 해주는 사람들에 대한 고마움을 느낀다. 이 세상과의 다양한 직접적인 경험을 통해서, 유아들은 사람들과 그들이 하는 일에 대해 또는 동물이나 식물에 대해 배려하는 사람, 즉 이해와 감사를 아는 사람으로 성장한다. 이것이 배려를 배우는 핵심이다. 우리의 유아들이 이러한 배려의 실천에 대해 사고하고 있음이 확인되고 있다.

이상에서 가치부여적 사고를 요약하면, 유아들은 자신과 자신의 소유물에 대해 그리고 소유물을 부여해준 가까운 사람에 대해 소중히 여기고 가치 있게 여기며, 덕을 실천하는 사람의 행위나 마음의 선물에 대해 가치를 부여하고 있다. 생일축하를 통해 자신과 타인의 존재를 생각하고 생일에 대한 기억을 소중한 추억으로 간직하는 모습도 보여진다. 유아들은 윤리적인 행위에 감탄을 보이며 사람을 따돌리지 않고 진실하게 대하는 것이 존중하는 것이고 동식물도 존중해야 한다는 가치부여적 사고를 나타내고 있다. 또한 지구를 쓰레기로부터 보존해야 하며 위험을 무릅쓰고 도와준 친구에 대해 훌륭하다고 칭찬하는 모습에서 유아의 가치부여적 사고를 잘 드러내고 있었다.

(2) 규범적 사고

규범적 사고는 사실에 관한 사고와 당위에 관한 사고를 연결하여 (Lipman, 2003), 개인이 소망하는 것과 마땅히 이루어져야 할 바람직한 것에 대해 동시에 고려하는 사고이다.

토론에서 나타난 규범적 사고의 결과를 종합하면 다음과 같다.

● 합당한 방법으로 문제 해결하기

유아들은 친구를 때리는 행위가 도덕규칙상 금지된 행위이므로, 이에 대한 대안으로 신체적 공격이 아닌 '말'로 해결해야 한다는 합당한 방법을 생각하여 상대방에게 합당한 방법을 사용토록 요구해야 한다고 말한다. 상대방이 이를 무시할 때 유아는 자신의 능력으로 해결할 수 없기 때문에 선생님에게 도움을 요청한다고 한다. 이때 교사의 역할이 중요하다. 또래와 잘 어울리지 못할 경우, 또래들 속에서 배워야 할 사회적 기술을 습득하지 못함으로써 매우 중요한 사회적 정보의 자원을 잃기 때문이다. 유아가 자신의 행동을 변화시키도록 하는 가장 효과적인 방법은 유아가 또래들 안에서 문제를 해결할 기회를 갖도록 하는 것이다. 따라서 나쁜 행동들이 문제를 일으킬 수 있는 이유들에 대해 유아들이 함께 신중하게 생각하고 토론할 수 있도록 격려되어야 한다. 그렇게 함으로써 유아들은 이유 있는 정당화에 기초하여 자기들이 무엇을 옳다고 생각해야 하고 무엇을 그르다고 생각해야 할지 결정할 수 있게 된다. 다시 말해 어떤 행동을 해야 하며 또는 하지 말아야 하는지, 그 행동이 도덕규칙에 의해 요구되거나 금지되는 행동인지, 아니면 그 행동이 주어진 상황에서 평가의 표준으로 판단할 때 좋거나 나쁜 결과를 가져오는지를 스스로 판단하여 행동할 수 있게 된다.

● 규칙 지키기

유아들은 규칙이란 지키는 것이며 지키도록 하기 위해서 만든 것이라고 생각한다. 규칙을 안 지키면 다칠 수 있고 규칙이 없으면 위험할 수 있다고 여긴다. 유아들은 규칙을 잘 지키는 것과 착한 행동을 같은 맥락으로도 생각한다. 규칙을 안 지키면 싸우게 되고 규칙을 지켜야 게임도 공정하게 할 수 있고 재미있는 놀이도 할 수 있다고 말한다. 유아가 생각하는 규칙은 질서, 양보, 도와주는 것, 친구에게 반칙하지 않는 것, 왕따시키지 않는 것, 같이 노는 것, 지켜야 하는 것이다.

민주주의의 의미를 어린 유아들에게 가르치는 하나의 방법은 명확히 그들에게 영향을 끼치는 몇몇 규칙들을 주는 것이다. 이 과정에서 유아들은 더 행복한 삶으로 나아가도록 돕는 내적인 규칙들을 배우게 된다. 유아들은 규칙에 따르듯 제한과 예외, 그리고 규칙을 어겨도 좋은 어떤 때에 이른다. 예를 들면, "더러운 신발을 신고 실내에 들어올 수 없다. 그러나 긴급할 때는 할 수 있다."와 같이, 즉 문제가 발생하여 구체적 상황에 대해 예외적으로 고려가 필요할 때가 있음을 알게 된다.

유치원에서 유아와 교사들은 학급을 질서 있게 운영하기 위해 규칙을 만든다. 교실에서 규칙 만들기에 유아를 참여시키는 포괄적인 목표는 상호 존중적인 분위기에서 교사와 유아가 자기 규제와 협동을 연습하도록 돕는 것이다. 유아들은 규칙 만들기에 관여함으로써 교실 규칙의 주인 의식을 증진시키고 주인 의식은 기꺼이 공정하게 실행하고자 하는 민주시민으로서의 자질을 형성하게 된다. 그리고 유아들은 생활 속에서의 규칙을 알고 있으며, 그 규칙을 준수할 것을 기대하고 규칙을 이행하지 않을 경우 행동에는 종종 논리적이고 자연적인 결과가 뒤따른다는 것을 알고 있다.

이상에서 규범적 사고를 요약하면, 유아들은 규범에 어긋난 상대방의 행동에 대해 규범적 행동을 하도록 요구하고 생활 속에서 자연스럽게 생활규범을 지키는 모습을 나타내며, 거짓말은 부도덕하며, 규칙을 지켜야 위험에서 자신을 보호할 수 있다고 생각한다. 적절한 행동이 무엇인지 도덕적 판단에 따른 규범을 실천하고, 옳지 않은 행동에 대해서는 적극적으로 주장 · 권유하는 주체적 사고를 나타내며, 비판적 사고와 논리적 사고와 함께 어떻게 행동해야 하는가를 배우고 타인에게도 그렇게 할 것을 기대하는 규범적 사고를 유아들은 잘 표현하고 있다.

(3) 정서적 사고

정서적 사고는 타인의 입장에 대한 이해와 더불어 타인이 처한 상황이 적절한지 아닌지에 대해 판단하는 사고이다.

토론에서 나타난 정서적 사고의 결과를 종합하면 다음과 같다.

● 친하게 지내면 친구

유아들은 같은 연령뿐만 아니라 어린 동생이나 어른도 친하게 지내면 친구가 될 수 있다고 생각한다. 우정은 평등을 암시한다. 연령, 성, 윤리적인 배경이 다르더라도 우정 속에 어떤 불평등한 요소만 없다면 친구가 될 수 있음을 보여준다. 우정을 개인적으로만 한정시켜 버리는 협소한 도덕이 아니라, 공적 도덕으로 전환할 수 있는 더 넓은 우정적 공동체로의 전환이 이뤄질 수 있는 여지를 보여준다. 이는 친구, 우정은 가까운 구체적 사람에 대한 애착과 관심 속에서 발전되고, 그 과정 속에서 연대감이 생긴다는 것과 맥을 같이한다. 사람들은 서로 비슷한 점을 지니면서 그 동일성을 즐긴다거나, 아니면 서로 다르지만 서로가 보완해 줄 수 있기 때문에 친하게 지내는지도 모른다. 그래서 함께 만들 수 있는 더 큰 기쁨을 즐기는지도 모른다. 한편, 어떤 유아는 어른을 친구로 생각하는 것이 어른을 비하한다거나 불경을 범하는 것이라고 생각하는데 이는 어린 유아에게서도 우리의 가부장적인 유교적 사고가 엿보이는 대목이다.

● 도와주는 것이 행복

유아는 엄마 또는 친구를 도와주는 것이 행복하다고 한다. 상대방에 대한 사랑이다. 어떤 철학자는 행복이란 느낌이 아니라 살아가는 방법이라고 말하며, 상대방의 행복이 곧 자신의 행복이 되므로 상대방에 대한 사랑을 강조하기도 한다. 개인적 측면에서는 오랜 기간 행복하게 사는 것, 사회적 측면에서는 타인에게 행복하게 하는 선택이 결국 자기에 대한 배려인 동시에 타인에 대한 배려이다.

● 미안하다고 사과하기

유아는 상대방이 때렸을 때 똑같이 때리면 안 되며 미안하다고 말해야 한다고 주장한다. 싸움을 종식시키기 위하여 미안하다고 사과하는 것은 양보이다. 양보란 타협이거나 타협의 일부이다. 똑같이 때리지 않고 양보하여 타협하는 것은 손해를 보는 것이 아니라 존경할 만한 해결책이 될 수 있다. 유아들은 성숙한 사고를 보여주고 있다.

● 위로와 격려, 용기 주기

유아는 슬퍼하는 친구나 가족 또는 울고 있는 아이에게 다가가 친근감을 보이고 위로와 격려, 용기를 주는 정서적 사고를 잘 드러내고 있다. 집단 내에 서로간의 인정과 존중이 넘칠 때 유아들은 자신의 애정을 표현하고자 하고, 동정을 보이며, 도와주고자 하고, 다른 사람들과 공유하려는 경향을 많이 보인다. 슬퍼하는 친구에게 접근하는 마음은 모든 사람이 보편적으로 갖고 있는 배려의 정서로서, 이는 곧 윤리 행동의 근원이다. 슬퍼하는 친구는 친구의 접근에 자신이 수용된다는 위로를 느끼고, 배려자는 수용하는 기쁨을 느낌으로써 또래 관계 형성에 긍정적인 영향을 미친다.

이상에서 정서적 사고를 요약하면, 유아들은 또래, 어른, 동물을 좋아하여 친구가 될 수도 있으며 상대방의 행복을 자신의 행복으로 여기고 주변의 동식물을 아끼고 돌봐야 한다고 생각한다. 행복한 자신, 돈 많이 버는 아빠, 월드컵 4강에서의 축구선수들에 대해 존경의 뜻을 나타내고 친구가 때린다고 같이 때리지 말고 싸움이 되지 않도록 미안하다고 먼저 사과하며, 슬픈 친구에게는 친근하게 다가가 격려하고 위로와 용기를 주는 정서적 사고를 잘 나타내고 있다.

(4) 감정이입적 사고

감정이입적 사고는 윤리적 탐구의 가장 기본적인 사고로서 행동을 하는데 옳은 것이 무엇인지, 윤리에 알맞은 판단이나 결정을 하려고 노력할 때 다른 사람의 입장에서 자신을 적합하게 놓고 생각하는 것이다.

토론에서 나타난 감정이입적 사고의 결과를 종합하면 다음과 같다.

● 타인의 감정을 고려하여 판단하기

유아는 멋지지 않은 할머니에게 멋지다고 말한다. 이는 거짓말을 해서는 안 된다는 규범에 앞서 할머니가 좋아할 것을 고려한 것으로, 할머니에게 멋지다고 말하는 것이 할머니-손자관계에 적절한 것으로 판단하는 윤리적 또는 도덕적 행위자로서의 면모를 보여주고 있다. 아빠로부터 마음에 들지 않은 선물을 받았을 때 마음에 든다고 말하는 것도 같은 이치에서 나온 감정이입적 사고이다. 공자의 '인' 윤리에 의하면 효제(孝悌)의 행위야말로 인도(人道)의 출발점이며 모든 도덕행위의 근본이 된다. 추상적이고 형식적인 윤리규범의 적용에 앞서 도덕적 문제가 발생한 구체적 상황에 대한 고려가 우선적으로 이루어져야 한다는 것이다. 할머니와 손자, 친자간이라는 특수한 인간관계를 우선적으로 고려하여 그 인간관계에 맞게 행동하는 것이 윤리 도덕적 행위가 되는 것이다.

● 측은지심

유아들이 걸인을 보고 도와주고 싶은 마음과 같은 동정심이 생기는 것은 기본적으로 자신에 대한 배려보다는 다른 사람에 대한 배려를 중시하기 때문이다. 동정은 가까운 한정된 사람에게만 관심을 보이지 않고 여러 계층의 사람들, 즉 보살핌을 가장 받지 못하는 힘없는 사람에 대해 가장 많은 배려를 하려고 한다. 고통을 받는 사람의 복리와 자율성에 조력하려고 한다. 따라서 다른 사람에게 상처를 입히지 않는다. 나아가 참다운 동정은 올바른 행동을 하도록 하는 인지와 태도 모두를 필요로 한다. 이성적 · 합리적 이해보다 독특한 상황의 공감 이해를 더욱 많이 하려고 한다. 한편 동정은 함께하는 인류애로 발전하는 성향을 갖는다. 따라서 인류애는 불평등을 극복하는 도덕적 힘을 갖는다.

● 사물을 소중히 관리하기

어떤 유아는 자신의 소유물에 대해 소중히 여기기 않는다. 처음엔 소중히 여기지만 시간이 지나면 소중히 여겨지지 않는다. 사물을 잘 사용하고 관리한다는 것은 그 사물을 배려하는 행위이다. 우리가 사물을 사용하거나 남용하는 것이 타인에게 어떤 영향을 주는가? 그 사물은 어떤 면에서 배려를 받을 가치가 있는가? 등에 대해 생각해 볼 필요가 있다. 특히 '그 사물은 어떤 면에서 배려를 받을 가치가 있는가?'라는 질문은 현대 교육에서 거의 전적으로 무시되고 있는 실정이다. 환경문제가 심각한 현대 사회에서는 주변 사물에 대한 배려교육이 더욱 절실히 요구된다.

● 심혈을 기울이기

유아들은 인형 롤러가 또다시 실수로 망가뜨리지 않기 위해서는 어떻게 해야 할지 세심하게 안전한 방법을 모색한다. 롤러의 처지에 대해 단지 걱정하고 염려하고 우려하는 마음만으로는 롤러를 잘 보살폈다고 할 수 없다. 걱정, 우려, 염려가 더 이상 망가지지 않도록 행동을 통해 드러났을 때 비로소 배려가 실현되었다고 할 수 있다. 어머니가 자식을 지속적으로 돌보듯 배려는 지속적 · 영속적인 속성을 갖는다. 신중하다는 것은 판단을 내리기 전에 평가하거나 비교해 보는 것이다. 사람들은 무엇을 해야 할지 말해 주는 분명한 규정이 없는데도 가장 합리적인 판단을 내리길 원하기 때문에, 숙고하게 된다. 중대한 문제들을 신중하게 생각할 때에는 결정을 내림에 있어서 우리 자신을 신뢰할 수가 없으므로 다른 사람들의 도움을 청하기도 한다.

● 도덕적 상상하기

한 유아는 동생이 위험에 처했을 때 슈퍼맨을 불러서 도와달라고 한다고 한다. 비록 가상적인 인물을 통한 문제해결방법이고 미디어 매체를 통한 모방에서 나온 사고이지만, 유아는 토론 중에 동생을 위험에서 구할 수 있는 여러 대안적인 방식들을 상상해 보고 이러한 각 대안들을 채택할 경우 그 결과로서 어떤 일이 일어날 것인가를 고려하였다. 이러한 모든 가능성을 유아가 생생하게 그려볼 수 있다면, 그 자체로도 도덕적 상상력 계발에 중요한 역할을 할 것이다. 가끔 저지르는 그릇된 행동은 한 개인의 악덕의 소치만은 아니며 문제 상황에 임해 창조적인 대처방안을 구상할 수 있는 상상력이 빈곤한 데에도 기인한다. 현존하는 불만족스런 상황을 변혁할 수 있는 여러 가능성을 떠올리는 데 요청되는 것의 하나가 상상력이다. 따라서 상상력이 도덕적 추론의 중요한 내용으로서 도덕교육에서 다뤄져야 할 이유가 여기에 있다.

이상에서 감정이입적 사고를 요약하면, 유아들은 멋지지 않은 할머니를 멋지다고 고려할 줄 알고, 어려운 사람을 동정하고 측은지심을 보이며, 자신의 장난감을 큐레이터와 같이 아끼고 관리하며, 어린 동생이나 동물을 자녀를 돌보는 어머니와 같이 주의를 기울여 돌볼 줄도 안다. 특히 어려운 상황에서 유아들은 너와 내가 하나라는 동질감을 느끼며, 친구의 마음이 상하지 않게 세심하게 주의를 기울이고, 인형 롤러가 다시 부서지지 않도록 신중하게 심혈을 기울이는 모습을 나타내고 있다. 또한 위험에 처한 동생을 구하기 위해 슈퍼맨을 불러 도와주려는 도덕적 상상력을 발휘하는 등, 유아는 감정이입적 사고를 잘 나타내고 있다.

(5) 행동적 사고

행동적 사고는 적극적인 행위나 표현에 의해 나타나는 사고의 능동적 측면을 의미한다.

토론에서 나타난 행동적 사고의 결과를 종합하면 다음과 같다.

● 최선이 되도록 조직적으로 사고하기

유아들은 그림을 못 그리는 친구를 무작정 도와주는 것이 아니라 스스로 잘 그릴 수 있는 방법을 모색하여 제공한다고 한다. 유아들에게 단순한 행동이 요구되는 상황에서는 이미 학습되고 습관화된 반사적인 행동이 나오지만, 복잡하고 어려운 상황에 접할 때는 유아들도 '어떤 방도를 취해야 하는가? 어떤 자료가 필요하며, 그 다음에 해야 할 일은 무엇인가? 그리고 이러한 각 대안을 채택할 경우 그 결과로서 어떤 일이 일어날 것인가?' 하는 가능성을 생각하여 최선의 방법을 선택하고 실행에 옮기는 것이다.

● 이타적 참여

유아들은 친구들에게 혀를 내밀어 놀리는 것은 친구를 왕따시키는 행위로 생각하며 그런 행동을 해서는 안 된다고 주장한다. 이는 과거에 자신이 친구로부터 받았던 좋지 않은 경험이 오히려 상대방의 입장에서 어떻게 해야 할지 생각하도록 이끈다. 친구가 나에게 무엇인가 특정한 요구를 하였을 때, 그의 요구에 응하여 너와 나의 관계, 즉 배려자와 피배려자로서의 관계를 맺기 위해서는 피배려자가 될 사람이 처하여 있는 구체적 상황 속의 구체적인 요구사항을 충족시켜줄 수 있어야 한다. 이를 위해서는 피배려자에 대한 관심과 이해가 우선이며, 관심과 이해는 피배려자의 필요와 요구사항을 파악하게 하는 동기부여가 되고, 친구의 요구는 곧 나의 요구가 된다. 이와 같은 감정이입의 결과는 유아로 하여금 도덕적 상상력을 발휘하게 하여 친구를 적극적으로 보살피려는 이타적인 행동으로 이어진다. 이러한 이타적인 행동은 긍정적인 관계형성을 이룸과 동시에 주위의 다른 사람을 긍정적인 참여로 이끄는 파급 효과가 있다.

● 규칙 실행하기

유아들은 게임을 할 때 질서를 지켜야 하고 다른 사람이 사용하는 장난감은 허락을 받은 후 가지고 놀아야 하는 등, 실생활에서 규칙을 잘 실행하는 모습을 나타낸다. 특히 특별한 관계를 맺고 있는 상대방에 대한 우정의 태도와 정서, 성향 등 정적인 도덕은 이성이나 선에 대한 의무, 정의 등 합리적 윤리 없이는 불합리하다. 우정관계에 있어서도 배려와 공정성의 도덕이 동시에 필요한 것이다.

● 배려자와 피배려자의 관계 맺기

유아들은 어디까지의 도움이 진정한 도움인지를 생각하고 있다. 유아들은 도움이 다 좋은 것은 아니며 스스로 할 수 있도록 적절한 기준에 의해 도와줘야 한다고 생각한다. 또한 어린 동생이 위험에 처했을 때 엄마를 불러서 같이 찾아봐야 한다고 생각한다. 혼자서는 위험한 상황을 감당할 수 없음을 인식하고 엄마에게 도움을 청하는 것이다. 가끔 살신성인의 뉴스를 접할 때, 우리는 과연 자기배려와 타인의 배려에서 어디까지 균형 있는 배려적 삶을 살아야 하는 것인지 고민하게 된다. 일찍부터 우리 유아들에게 타인을 배려하는 데 필요한 적절한 지식과 이해력을 적절한 행동으로 실천할 수 있도록 하여 진정한 배려가 무엇인지, 그에 대한 지혜로운 의지적 · 실천적 행동이 무엇인지 사고할 수 있는 토론의 장이 유아로 하여금 그 해답을 모색해 볼 수 있는 기회를 제공할 것이다.

이상의 행동적 사고를 요약하면, 유아들은 친구를 도와주는 방법을 조직하고 긍정적인 관계 참여의 필요성을 경험하며 엄마가 아플 때 상황에 맞게 처리하고 정해진 규칙을 실행하는 모습을 보였다. 친구간 또는 사물간에 관계를 구축하고 엄마, 친구, 동물에게 도움을 주는 배려의 실천자이며, 도덕적 판단의 적합성에 입각한 방법으로 도와주는 모습도 보이며, 도움이 필요한 상황에 적절한 도움으로 상대방을 위험에서 벗어나도록 도와주는 행동적 사고를 잘 나타내고 있다.

2) 유아의 배려적 사고 특징의 변화 분석

철학적 토론활동에 나타난 배려적 사고의 특징과 변화를 알아보기 위해 배려적 사고의 변화, 배려적 사고와 관련된 어휘의 변화, 주제 '인형'을 통한 사고 변화, 자기 수정적 사고의 변화, 토론의 주도성 변화를 분석하였다.

처음에 실시한 2차시 '인형', 9차시 '친구', 17차시 '거짓말', 마지막인 24차시 '감정이입'의 토론활동 사례를 중심으로 내용을 분석하였다. 단, 주제 '인형'을 통한 배려적 사고 변화는 2차시와 24차시에서만 활동이 이루어져 2회를 비교 분석하였으며, 자기 수정적 사고는 토론 중반부터 이루어져 11차시, 17차시, 18차시, 24차시 토론의 내용을 분석하였다.

(1) 배려적 사고의 변화

배려적 사고의 변화는 토론의 주제가 매 차시마다 달라져도 횟수가 증가하면서 배려적 사고도 증가한 것으로 나타났다. 9차시에 비해 17차시의 토론에서 배려적 사고가 증가하지 않은 것은 주제가 '거짓말'이라는 특성상 토론 내용이 논리적인 사고를 요구하는 성향을 띠었으며 자기 수정적 사고가 주로 나타났다. 그러나 2차시 첫 토론에서는 5가지 배려적 사고의 특성이 보였는데, 점차 증가하여 24차시에서는 13가지의 배려적 사고의 특성이 나타난 것으로 볼 때 이 결과는 연구집단 간의 유의미한 차이를 나타낸 실험 결과를 지지해 준다고 할 수 있다. 이를 구체적으로 살펴보면 다음과 같다.

• 2차시에서(주제 '인형 1') 철학적 탐구공동체 활동을 실시한 결과, 가치부여적 사고의 가치 있게 여기기와 정서적 사고의 좋아하기, 감정이입적 사고의 상상하기, 행동적 사고의 구축하기라는 총 4가지 배려적 사고의 특성이 나타났다.

2차시 〈인형〉

예화 주제: 인형(2차시)
C10: 귀여워서요, 멋져서요.(가치부여하기)
C6: 컴퓨터 의자에 앉히면 좋아해요.(상상하기)

C6: **동물인형만 좋아해요.(좋아하기)**

Cs: **같이 놀아요.(구축하기)**

• 9차시(주제 '친구')에서는 가치부여적 사고의 가치 있게 여기기, 규범적 사고의 의무 다하기, 적절함 알기, 정서적 사고의 좋아하기, 친근하기, 감정이입적 사고의 연대감 갖기, 행동적 사고의 구축하기, 공헌하기, 참여하기의 총 9가지 배려적 사고의 특성이 나타났다.

9차시 〈친구〉

예화 주제: 친구(9차시)

C10: **친구와 놀다가 다치면 "친구야 미안해" 하고 놀아야 해요.(적절함 알기)**

C3: **친구는 싸우면 안 되고 사이좋게 지내야 해요.(의무 다하기)**

T: 왜 5살 동생을 친구라고 생각하는 거니?

C3: **좋아서요.(좋아하기)**

C8: **새싹반 동생들만 놀게 하면 안 되고 다른 친구들이 놀아줘야 해요.(친근하기)**

T: 어떻게 친구가 될 수 있다고 생각하니?

C6: **같이 친하게 재밌게 놀다보면 친구가 될 수 있어요.(연대감 갖기)**

T: 왜 강아지하고는 친구가 될 수 있을까?

C2: **새끼 강아지는 귀여우니까.(가치 있게 여기기)**

T: 너희들이 친구를 도와줄 수 있는 방법에는 무엇이 있을까?

C6: **친구가 무거운 것을 들었을 때 같이 들어줘요.(참여하기, 구축하기)**

C10: **도와줘요.(공헌하기)**

• 17차시(주제 '거짓말')에 나타난 배려적 사고는 가치부여적 사고의 가치 있게 여기기, 소중히 여기기, 보존하기, 규범적 사고의 의무 다하기, 감정이입적 사고의 고려하기, 동정하기, 상상하기, 행동적 사고의 관리하기의 총 8가지이다.

17차시 〈거짓말〉

예화 주제: 거짓말(17차시)
유아들: 거짓말을 하지 말아야 해요, 진실해야 해요.(의무 다하기) C8, C2: 속상하고 마음이 아파요. 슬퍼요.(동정하기) C6: 할머니한테 멋지지 않지만 멋지다고 말하면 할머니가 기분이 좋아지잖아요.(고려하기) C1: 정성껏 사준 거니까.(가치 있게 여기기) C8: 아빠가요, 슬플 것 같아요.(상상하기) C1: 아빠 돈이잖아요. 버리면 아까우니까 가지고 놀아야 해요.(소중히 여기기, 보존하기) C2: 엄마가 빨래하거나 요리할 때는 못 바꾸잖아요. 대신 아빠나 제가 받아요.(관리하기)

• 24차시(주제 '감정이입')에서는 가치부여적 사고의 소중히 여기기, 보존하기, 규범적 사고의 권면하기, 정서적 사고의 좋아하기, 사랑하기, 친근하기, 감정이입적 사고의 동정하기, 격려하기, 세심하게 주의를 기울이기, 상상하기, 행동적 사고의 실행하기, 구축하기, 관리하기라는 총 13가지 배려적 사고의 특성이 나타났다.

24차시 〈감정이입〉

예화 주제: 감정이입(24차시)
C11: 제스가 아끼는 인형이라.(가치 있게 여기기)

C9: (안됐다는 표정으로) 조심해야지.(동정하기)

C6: 자기가 소중히 여기는 것이 부서지면 마음이 아파요.(소중히 여기기)

C1: 나는 아꼈어요. 깨진 병요, 다시 테이프로 붙여가지고 써요. 아빠가 집다가 찔려 가지고 피 났어요.(보존하기)

C1: 아니지, 컵에다 물을 담고 돌멩이를 넣어 물고기를 넣으면 살아.(길러주기)

C6: 슬퍼하지 말라고, 나중에 고쳐서 또 놀 수 있으니까.(격려하기)

C7: 뽀개지면 병원에서 한 달인가(?) 있으면 되잖아요. 그래서 집으로 데려오면 되고 또 뽀개지면 병원에 가서 다시 고치면 된다고 말해줘요.(조직하기)

C9: 사랑한다고 말해줘요, 제스에게.(사랑하기)

C6: 롤러가 걱정되서요. 롤러가 망가져 슬퍼서 올려놨을 것 같아요. 또 그렇게 될까봐 무서워서요.(세심하게 주의를 기울이기)

C7: 제스하고 롤러가 계속 놀았으면 좋겠어요.(좋아하기, 구축하기)

C5: 사이좋게 지내면 좋겠어요.(의무 다하기)

C6: 제스는 이름은 남자 같은데 제가 상상할 땐 여자 같아요.(상상하기)

(2) 배려적 사고와 관련된 어휘의 변화

배려적 사고와 관련된 어휘는 배려적 사고의 평가 용어에 제시된 것을 기준으로 〈표 27〉과 같이 분석하였다.

〈표 27〉 배려적 사고와 관련된 어휘의 변화

차시	주제	어휘 수	배려적 사고와 관련된 어휘
2 차시	인형	8개	**귀여워서요**
			멋져서요
			참 신기하다
			같이 놀아요
			인형은 **착해요**
			솔직하고
			예쁜 옷을 입었으면 여자인형이에요
			동물인형만 **좋아요**
9 차시	친구란?	10개	친구는 싸우지 않고 **사이좋게** 지내요
			서로 **양보해 주는** 게 친구에요
			친구는요, **친하게** 지내구요
			친구와 놀다가 다치면 "친구야 **미안해**" 하고 놀아야 해요
			좋아서요
			동생이라도 놀아주면 **착한** 어린이가 될 수 있고요
			동생하고 놀아주면 하나님이 **기뻐하시고** 엄마가 좋아하시고 선생님도 좋아하세요
			새끼 강아지는 **귀여우니까**
			멋지게 생겨서요
17 차시	거짓말	11개	**도와줘요**
			서로 **믿지** 못한다면 자기 생각을 친구에게 말할 수 없고 친구가 자기 생각을 말할 수 없고 자기 **생각을 들어 주지** 않고 또 남의 생각만 말하잖아요
			속상하잖아요
			거짓말을 하지 말아야 해요, **진실**해야 해요
			참됨이 무엇인지 알아요. 참된 것은 거짓을 말하지 않고 진실로 말하는 거예요

			속상하고 **마음이 아파요**
			슬퍼요
			할머니한테 멋지지 않지만 **멋지다고** 말하면 할머니가 **기분이 좋아지잖아요**
			사람이 안 예쁜데 **예쁘다**고 하는 것은 거짓말이에요
			정성껏 사준 거니까
24 차시	감정 이입	12개	**슬펐어요**
			제스가 **아끼는** 인형이라
			자기가 **소중히 여기는** 것이 부서지면 마음이 아파요
			조심해야지
			사랑한다고 말해줘요
			마음이 아파서
			롤러가 **걱정되서요**
			머리를 다시 고쳐서 **같이** 놀았으면 **좋겠어요**
			제스가 인형이랑 **친했으면** 좋겠어요
			사이좋게 지내면 좋겠어요
			울고 싶은 마음

〈표 27〉에서 보는 바와 같이 2차시에서는 배려적 사고와 관련된 어휘를 8개 사용하였으나 9차시는 10개, 17차시는 11개, 24차시는 12개 어휘를 사용한 것으로 볼 때, 배려적 사고의 관련 어휘 사용이 꾸준히 증가한 것을 알 수 있다. 또한 24차시는 12개의 어휘를 유아들이 빈번히 사용했으며 사용 어휘에 있어서도 2차시의 '귀여워서요', '멋져서요', '참 신기하다', '같이', '착해요', '솔직하고', '예쁜', '좋아요'와 같이 평소에 자주 사용하는 어휘와는 달리 24차시에서는 '아끼는', '조심해야지', '소중히 여기는', '사랑한다고', '마음이 아파서', '걱정되서요', '울고 싶은 마음'과 같이 보다 배려적 사고의 특성을 잘 나타내는 어휘

를 사용하고 있다.

(3) 주제 '인형'에 관한 유아의 사고 변화

'인형'에 관한 주제 토론은 처음 2차시 토론과 마지막 24차시 토론에서 이뤄졌다. 먼저 인형에 관한 질문을 살펴보면, 2차시 토론의 질문에서는 롤러(인형 이름)가 진짜 사람일까, 어떻게 만들어졌을까, 어디서 살았을까, 왜 바지가 하나밖에 없을까, 왜 머리카락이 없을까, 이름은 어떻게 지었을까 등과 같이 구체적이고 외적인 특성에 관해 질문을 하였다. 한편 24차시 마지막 토론의 질문에서는 제스(인형 롤러의 소유자인 주인공 이름)는 왜 롤러가 병원에 가면 안 된다고 했나요, 아빠 생일 파티에 제스가 왜 참석하지 않으려 했어요, 왜 제스가 롤러를 옷장 위에 올려놓았는지 궁금해요, 왜 제스가 롤러 옷을 벗겼나요 등, 유아들은 다소 추상적이고 내적인 특성에 관해 질문하고 있었다.

대화 내용을 구체적으로 살펴보면, 2차시에서는 '롤러가 진짜 사람일까?'라는 질문을 가지고 토론하였다. 유아들은 인형이 살아 있다는 증거를 다양한 측면으로 표현하며 인형이 단순히 하나의 사물이 아닌 자신과 감정을 공유하는 살아 있는 사람으로 착각하고 있었다.

2차시 〈인형〉

예화 주제: 인형(2차시)

C6: **인형은 주인이 누구인지 알아요.**

T: 어떻게 알지?

C6: **인형이요, 어, 엄마한테, 할아버지, 할머니한테는 말 안 하는데요. 나한테만 얘기해요. 혼자서 말해요. 꿈속에서 말해요.**

T: 지연이한테만 혼자서 말해? 낮에는 말 안하는데 꿈속에서만 말해?

C6: 예.

C4: **자면 스스로 움직여요.**

C2: **나도 움직여. 밤에는 스스로 움직여요.**

T: 왜 낮에는 스스로 움직이지 않는데 버튼을 누르지 않아도 밤에는 스스로 움직일까?

C8: 우리가 자니까.

C1: **우리가 눈을 뜨면 깜짝 놀라가지고 자는 척할 걸요. 아마.**

T: 인형도 아픔을 느낄까?

유아들: 예.

C1: **강아지 인형은 떨어지면 멍멍 우는데……**

C6: **컴퓨터 의자에서 떨어지면 울어요. 저만 들려요. 우는 소리.**

T: 인형들은 거짓말을 할 수 있을까?

유아들: 예.

C1: **인형이 거짓말하면 우리가 짜증나니까 인형이 우리가 안 들리게 쪼그맣게 말하는 거예요. 그래서 안 짜증나요. 크게 말하면 우리가 짜증나니까.**

C6: **인형은 착해요, 솔직하고.**

이 동화의 작가인 Sharp(2000)는 성에 대한 편견을 배제하기 위하여 주인공인 제스와 인형 롤러에게 의도적으로 중성적인 이름을 지어주고 성별에 대해 유아들이 어떻게 생각하는지 물어 보고자 하였다(Sharp & Splitter, 2000). 유아들은 인형 롤러가 대부분 남자라고 생각했으며 그 이유는 "이름이 멋져서요", "롤러라고 부르면요, 남자이름 같은 느낌이 나요", "머리카락이 없으면 빡빡이 인형, 남자인형일 것 같아요"라고 직감적인 답변을 했다. 유아들이 인형 롤러를 남자라고 결정하자 주인공 제스에 대해서도 당연히 남자라는 만장일치의 의견을 보였다.

그러나 24차시 토론에서는 남자인지 여자인지 혼란스러워했다. "이름은 남자 같은데 인형을 좋아하는 걸 보면 여자 같아요", "남자는 인형을 가지고 놀지 않아요. 주로 로봇, 블록을 가지고 놀아요"라고 말한다. 이것은 2차시 토론의 직감적 사고에서 한 단계 발전되어 근거를 제시하며 사고하는 모습이다. 롤러에 대한 성별 인식에서도 "동화책 인형 그림을 보니까……", "머리가 남자 같아요. 생김새가, 눈이 남자 같아요. 여자는 약간 눈동자가 빛나는데 남자는 좀 색이 달라요. 여자는 보라색 같고 남자는 남색 같아요. 여자 이름 같기도 하네요" 등, 자기가 알게 된 방법을 제시하거나 롤러의 눈의 생김새나 색 등 2차시 토론보다는 근거를 구체적으로 제시하며 성별을 판단하려는 노력이 엿보였다.

24차시 〈감정이입〉

예화 주제: 감정이입(24차시)
T: 여러분은 철학토론 첫 시간에 제스와 롤러가 남자 같다고 말했는데 지금은 어떻게 생각해요? 지금도 여전히 남자 같나요? C6: 제스는 이름은 남자 같은데 제가 상상할 땐 여자 같아요. C10: 이름은 여자 같은데 생각하면 얼굴은 남자 같을 것 같아요. C1: 느낌이 남자 같아요. C8: 이름은 남자 같은데 인형을 좋아하는 걸 보면 여자 같아요. C1, C11: **남자는 인형을 가지고 놀지 않아요. 주로 로봇, 블록을 가지고 놀아요.** T: 롤러는? C11: 남자요. 모습이 남자 같아요. T: 모습이 어디에 나왔어요? C11: **동화책 인형 그림을 보니까 눈, 얼굴이 그렇게 느껴져요. 얼굴이 바뀌어서 느낌이 남자 같아요.** C6: **롤러는 머리가 남자 같아요. 생김새가, 눈이 남자 같아요.**

여자는 약간 눈동자가 빛나는데 남자는 좀 색이 달라요. 여자는 보라색 같고 남자는 남색 같아요. **여자 이름 같기도 하네요.**

C10: 이름은 여자 같고 머리가 없으니까 남자 같아.

유아들은 동화 내용 상 처음 2차시에는 주인공 제스가 인형을 살아 있는 작은 아기라고 생각하여 자신과 인형을 인간이라는 동일한 범주로 생각하고 있는 동화의 내용에 동화되기도 하였다. 그러나 마지막 24차시에 머리가 부서져 새 머리로 교체한 롤러를 바라보며, 롤러가 사람이 아닌 단순히 인형에 불과하다는 것을 깨달으며 동화의 주인공 제스가 자신의 정체성을 찾아가는 것처럼, 유아들도 동화의 내용에 따라 인형은 사람이 아니라는 사실을 확인하는 사고의 변화가 이뤄졌다.

예화 주제: 감정이입(24차시)

T: 그래서 제스는 이제 롤러를 사람으로 생각하나요?

유아들: **안해요.**

24차시 토론의 내용을 구체적으로 살펴보면 다음과 같다.

"롤러의 머리가 갈라진 것을 본 제스의 마음은 어떨까?" 라는 질문에서 유아들은 "슬펐어요." 라는 대답과 함께 슬픈 이유를 "인형 롤러 머리가 갈라져서.", "제스가 아끼는 인형이라서" 라는 이유를 들고 있다. 슬픈 감정을 느끼게 되는 것은 배려적 사고의 기초가 되는 공감과 동정의 감정을 가지는 것이다. Hoffman(1984)은 이러한 동정심이 초기 단계에 일어나는 것이 아니라고 보고 있으나 동양의 유교에서는 동정심이 인간의 본성이라고 가정하고 있다(조현규, 2006). 유아들은 왜 슬픈지에 대한 이유로 "인형 롤러 머리가 갈라져서" 라는 사실을 근거로 제시하지만, 한걸음 더 나아가 제스가 '아끼는 인형'이라는 이유를 들고 있다. 이는 제스가 인형을 소중히 여기고 있다는 사실에 대해 유아들이 가치를 부여한 것이며, 소중한 인형이 부서져 주인공이 느끼는 슬픈 감정에 대해 감정이입적 사고로 공감하고 있는 것이다.

인형에 대한 가치부여적 사고는 유아들로 하여금 자신의 과거 경험을 상기시킨다. 자신이 아끼는 장난감이 부서져 테이프로 붙여서 가지고 노는 행동은 유아들이 소중히 여기는 물건을 보호, 유지 및 복구 등의 조치를 취하는 보존적 특성의 가치부여적 사고를 하고 있음을 의미한다. 또한 물고기를 담은 어항이 깨지자 물고기를 버린 성인의 행동에 대해서, 컵에다 물을 담고 자갈을 넣어 물고기를 넣으면 된다는 대안을 제시하는 등, 유아는 생명체를 아끼고 기르는 정서적 사고의 측면을 충분히 표현하고 있다.

"만약 지금 여러분 옆에 제스가 있다면 여러분은 제스에게 어떤 말을 해 주고 싶나요?"라는 질문에 유아들은 "슬퍼하지 말라고, 나중에 고쳐서 놀 수 있으니까", "머리가 부서지면 테이프로 다시 붙이면 되지", "병원에 가서 다시 고치면 된다고 말해줘요", "사랑한다고 말해줘요" 등 위로와 격려의 말로 정서적 사고를 나타낸다. 정서적 사고는 타인의 입장에 대한 공감과 이해를 기본으로 하며, 이러한 정서적 사고에 의해 타인에 대한 애정적인 행동이 뒤따른다.

한편, 교사는 "만약 여러분이 제스라면 옷장 위에 올려놓고 놀지 않는 제스가 잘했다고 생각하나요?"라는 도덕적 상상을 유발시키는 질문을 하였다. 도덕적 상상은 도덕 경험 중 가장 중요하다. 도덕적 상상력이 없이는 도덕적 추론이나 도덕적 인격은 기계적이거나 피상적일 수밖에 없기 때문이다. 유아 중에는 인형의 머리가 바뀌어 싫으면 가지고 놀지 않을 수도 있다며 제스의 행동에 대한 정당성을 주장하는 유아도 있었다. 그러나 대부분은 인형이 사람은 아니지만, 친구는 될 수 있으니 계속 가지고 놀았으면 좋겠다는 의견을 제시한다. 동화 끝

부분을 열린 전개로 바꾸어 이야기가 가능하다면 어떻게 전개되길 바라는지 동화 끝 이어짓기를 하였을 때 "제스하고 계속 놀았으면 좋겠다", "친해지면 좋겠다", "사이좋게 지내면 좋겠다", "제스가 인형을 가지고 소꿉놀이하면 좋겠다" 등의 이야기를 하였다. 이는 유아들의 윤리적인 측면을 반영한 것으로, 객관적인 입장에서 제스가 인형 롤러에게 계속적인 관심과 배려를 보여주기를 희망하고 있음을 나타낸다. 인형이라는 사물이 유아에게 가장 친근한 소유물 중의 하나로 가치부여적 · 규범적 · 정서적 · 감정이입적 · 행동적 사고를 유발시킨 결과로 볼 수 있다.

(4) 자기 수정적 사고의 변화

유아들은 철학적 탐구공동체 활동에 참여하여 반성적 사고로 탐구하는 기회를 접하면서, 함께 탐구하고 있는 공동체 구성원들과의 대화를 통해 자신이 스스로 알지 못했던 오류를 알게 되고, 그 오류들을 스스로 반성적 절차를 통해 교정하려는 태도를 보였다. 즉, 유아들은 자기 수정의 과정을 보여 주었다. 이것은 각각의 구성원들이 전체로서의 공동체가 추구하는 방법론을 내재화할 때, 각자는 자신의 사고과정 중에 자기 수정적일 수 있는 것이다. 자기 수정은 11차시, 즉 공동체 활동 중반기부터 나타났으며 활동 초기에는 교사의 확인에 의한 자기 수정이 이뤄졌지만 후반기에는 유아가 먼저 적극적으로 스스로 자기 수정적인 언어 표현을 하였다.

• 11차시에서는 친구에게 귓속말을 '해도 된다'고 생각했던 유아가 친구가 속상해하니까 귓속말하면 안 된다는 말을 듣고 자신의 원래의 생각을 '귓속말을 하면 안 된다' 쪽으로 수정하였다. 그리고 선생님이 유아 자신들을 혼내는 것이 처음에는 그들을 '사람답게 여기지 않는 행동'이라고 생각한 유아들도 있었지만, 다른 유아들로부터 선생님이

유아들을 혼내는 이유를 듣고 나서 자신들을 혼내는 것이 '사람답게 대우하지 않는 것은 아니라'고 생각을 수정하기도 하였다.

11차시 〈존중: 사람답게 대하기〉

예화 주제 – 존중: 사람답게 대하기(11차시)
T: 방에 함께 있는 다른 사람에 대해서 친구에게 귓속말을 하는 것은 사람을 사람답게 여기는 행동일까요? C16: 두 친구만 얘기하면요, 둘은 재밌어하잖아요. 한 친구는 지겹잖아요. 그래서요, 같이 놀고 싶은 생각이 들어요. T: 그래서 친구에게 귓속말하면 안 된다고 생각해요? C16: 아니요, 해도 돼요. C19: 둘이 귓속말하면 안 되고 셋이 다 귓속말해야 되잖아요. 그러니까 귓속말하면 안 돼요. 다른 친구가 속상해하니까. T: **형민아, 세희 말을 들으니까 귓속말하면 안 된다고 생각되나요?** C16: **예.** T: **그래, 형민이는 친구와 귓속말을 해도 된다고 생각했는데 친구의 생각을 들어보고 귓속말을 해선 안 된다고 자기 수정을 했어요.** (중간 생략) T: 선생님이 여러분을 혼내는 것은 여러분을 사람답게 대하는 것일까요? 유아들: 아니요, 맞아요. C19: 우리가 잘못했기 때문에. C22: 버릇을 고치려고. C20: 다시는 안 하게 하려고. C12: 다시는 그런 짓을 안 하게 하려고.

C19: 우리가 잘하면 안 혼내기 때문에 우리가 잘해야 돼요.

T: **그런데 사람답게 대하는 것이 아니라고 한 친구들도 있었는데 지금도 그렇게 생각하는 사람? (잠시 유아의 반응을 살핀다.) 아, 이제는 모두 선생님이 여러분을 혼내는 것은 사람을 사람답게 대하는 것으로 생각하는군요.**

Cs: **예.(큰 소리로 합창하듯 대답한다.)**

• 11차시에서는 교사가 유아에게 다른 사람의 의견과 같게 또는 다르게 생각하는지 해명하도록 질문함으로써 자기 수정이 이루어졌으나 17차시부터는 유아들이 스스로 "마음이 바뀌었어요"라며 자기 수정의 적극적인 모습을 보이고 있다.

처음에는 할머니가 멋지지 않으신데 멋지다고 말하는 것은 사실이 아니거나 거짓이 되므로 괜찮지 않다고 생각하지만 할머니한테 멋지지 않지만 멋지다고 말하면 할머니 기분이 좋아진다는 친구의 생각에 공감을 나타내며 자기 수정이 이뤄졌다.

17차시 〈거짓말〉

예화 주제: 거짓말(17차시)

T: 할머니가 멋지지 않으신데 멋지다고 말하는 것은 괜찮을까?

Cs: 아니요.(지연, 효민, 창수, 선준, 예인……)

T: '저는 다른 생각을 가지고 있어요' 하는 사람?

C18: 할머니한테 멋지지 않지만 멋지다고 말하면 할머니가 기분이 좋아지잖아요.

C10: **같은 생각이에요.**

T: **예인아, 너는 조금 전에 아니라고 말했는데 마음이 바뀌었니?**

C10: **예.**

T: 왜 마음이 바뀌었지?

C10: ……

T: 예인이를 도와줄 친구? (유아의 반응을 유도하고 생각할 시간을 준다.) 예인이도 할머니한테 멋지지 않지만 멋지다고 말하면 할머니가 기분이 좋아지니까 괜찮다고 생각해요?

C10: 예.

C8: **선생님, 저도 마음이 바뀌었어요.**

T: 왜?

C8: 선주와 같은 생각이에요.

C6: **선생님, 저도 바뀌었어요. 처음엔 거짓말하면 안 된다고 생각했는데 거짓말하는 게 있어요. 사람이 안 예쁜데 예쁘다고 하는 것은 거짓말이에요.**

(중간 생략)

C6: **선생님, 마음이 바뀌었어요.**

T: 왜 마음이 바뀌었어요?

C6: **이해를 못했어요. 좋아요라고 하는 게 좋을 것 같아요. 그렇지 않으면 아빠가 싫어하는 걸로 알고 속상해할 것 같아요.**

• 18차시에서는 아침을 먹는 것이 자기 책임이 아니라고 생각했던 유아가 스스로 자기 책임이라고 자기 수정하는 모습을 보였다.

18차시 〈책임〉

예화 주제: 책임(18차시)
T: 여러분 말이 다 관계가 있어요. 책임이란 스스로 해야 할 일을 하는 것, 맡은 일을 스스로 해야 하는 거예요. **그럼 아침을 먹는 것은 내 책임일까?**

Cs: 예, 아니요.

T: 다희는 아침을 먹는 것이 자기 책임이라고 하였고 세희는 아니라고 말했어요. 우리 같이 그 이유를 들어 볼까요?

C17: 엄마가 밥을 안해 줬으니까, 제가 밥을 할 수 없으니까. 제가 콘프레이크 꺼내서 먹었어요.

C19: **선생님, 제가 책임져야 해요.**

T: **생각이 바뀐 거예요?**

C19: **예.**

T: **왜 생각이 바뀌었나요?**

C19: **왜냐면요, 밥 안 먹으면요 제가 배고프니까.**

• 24차시에서 유아는 인형을 사람으로 착각하고 있지만 친구의 지적에 곧 바로 인형의 본질을 발견하고 자기 수정하는 모습을 보였다.

24차시 〈감정이입〉

예화 주제: 감정이입(24차시)

T: **그래서 제스는 이제 롤러를 사람으로 생각하나요?**

Cs: 안해요.

C18: 해요.

C15: 인형이 무슨 사람이야?

C21: 선주야, 사람이 아냐.

T: 얘들아, 선생님 질문은 제스가 롤러를 사람으로 생각하는 거란다. 선주는 인형이 사람이라고 생각해요?

C18: **아녜요. 사람 아녜요. 제가 잘못 생각했어요.**

3. 토론의 상호작용 변화

다음은 토론의 상호작용 변화에 대한 양적 · 질적 분석을 살펴보고자 한다. 첫째, 토론에 참여한 유아가 얼마나 되는가를 알아보고 둘째, 유아와 교사의 발화 비율 셋째, 유아-교사 상호작용 변화도의 측면에서 분석하였다. 탐구공동체 활동 실시 횟수에 따른 실험집단 유아들의 토론 내에서 이루어지는 유아들의 상호작용을 분석하기 위하여 2차시, 6차시, 11차시, 15차시, 20차시, 24차시의 총 여섯 번을 중심으로 분석하였다. 토론의 주도성 변화를 분석하기 위하여 2차시, 9차시, 17차시, 24차시 총 네 번을 질적 분석한 후에 그 상호작용의 변화를 한눈에 이해하기 쉽도록 각각의 토론에서 가장 활발했던 에피소드의 상호작용을 그림으로 제시하였다.

1) 유아들의 토론 참여 정도

〈표 28〉에서 보는 바와 같이 처음 토론활동을 시작할 때 토론에 참여한 유아는 63.64%였고, 24차시 토론 활동에 참여한 유아는 100%였다. 참여 유아란 전체적인 답변의 발화를 제외한 교사-유아, 유아-유아 간의 상호작용에서 개인적인 발화를 1회 이상 한 유아를 말한다. 토론활동을 계속함에 따라 토론에 참여하는 유아의 수가 증가하고 있음을 알 수 있다. 마지막 토론활동에서는 모든 유아들이 각각 자신의 생각을 표출하며 참여한 것이다.

〈표 28〉 유아들의 토론 참여 정도

유아 수(비율)

차시	토론 참여 유아 수	유아 수
2차시 토론	7(63.64)	11
6차시 토론	7(70.00)	10
11차시 토론	9(81.82)	11
15차시 토론	9(90.00)	10
20차시 토론	9(90.00)	10
24차시 토론	10(100)	10

탐구공동체 활동 실시 횟수에 따라 실험집단 유아가 발화한 평균 횟수의 변화를 성별에 따라 분석한 결과는 〈표 29〉와 같다.

〈표 29〉 실험집단 남녀 유아의 평균 발화수 변화

토론 차시 / 성별	2	6	11	15	20	24
남아(12명)	4.7	4.2	5.2	5.6	5.8	6.0
여아(10명)	5.2	5.8	7.6	8.9	6.5	8.1
전체	4.9	5.0	6.4	7.2	6.1	7.0

〈표 29〉에서 보는 바와 같이 2차시 토론에서는 남녀 평균 발화수에 차이가 없었는데(−0.5), 24차시에는 남녀 평균 발화수에서 −2.1의 차이를 보였다. 이러한 차이가 통계적으로 의미가 있는지 알아보고자 성별간 평균 발화수의 차이를 알아보았다. 남아와 여아의 평균 발화수를 비교한 결과는 〈표 30〉과 같다.

〈표 30〉 실험집단 남녀 유아의 평균 발화수 t검증 결과

집단	N	M	SD	t
남아	12	5.25	.69	-4.06**
여아	10	7.00	1.41	

**p〈.01

〈표 30〉에 나타난 결과에 따르면 실험집단 여아의 평균 발화수가 실험집단 남아의 평균 발화수보다 높게 나타났으며, 두 집단 간에는 유의한 차이를 보였다(t=−4.06, p〈.01).

2) 토론활동에서 유아와 교사의 발화 비율

〈표 31〉에서 보는 바와 같이 처음 토론활동인 2차시에서는 교사의 발화가 39.80%였고, 마지막 토론에서는 30.10%여서 토론이 진행되어 감에 따라 교사의 발화 비율은 줄어들었다.

〈표 31〉 토론활동에서 교사의 발화

발화수(비율)

차시	교사	유아	전체
2차시 토론	39(39.80)	59(60.20)	98(100.0)
6차시 토론	36(36.36)	63(63.64)	99(100.0)
11차시 토론	34(32.38)	71(67.62)	105(100.0)
15차시 토론	33(30.28)	76(69.72)	109(100.0)
20차시 토론	33(31.73)	71(68.27)	104(100.0)
24차시 토론	31(30.10)	72(69.90)	103(100.0)

3) 토론의 주도성 변화

철학적 탐구공동체 활동의 초기의 토론은 2차시에서와 같이 전적으로 교사를 경유하여 이루어졌으나, 토론 횟수가 거듭되면서 교사-유아-교사의 대화패턴에 변화가 나타나기 시작하였고 유아의 발화비율이 높아지고 교사의 발화비율이 낮아졌다(표 31 참조). 유아들이 서로에 대해 반응하였고 마지막 토론인 24차시에서는 유아-유아에 의한 주도적인 토론이 이루어졌다. 여기에 제시된 토론 내용은 각 차시 토론 중 하나의 에피소드를 선정하였으며, 교사-유아, 유아-유아 상호작용의 변화를 한눈에 알 수 있도록 차시별 토론에 대한 상호작용을 [그림 11]에 제시하였다. 분석한 토론활동 사례를 소개하면 다음과 같다.

• 2차시 토론에서는 한 친구의 답변에 대해서 다른 유아의 자발적인 반응은 1회만 나타났을 뿐 그 외에는 주고받는 식의 교사-유아의 상호작용으로 나타났다.

〈2차시〉

예화 주제: 인형(2차시)
T: **태수는 상어인형이 살아 있다고 생각한대. 그럼 여러분도 인형이 살아 있다고 생각해요?** Cs: 예. C2: 우리 집 강아지도 움직이는데. T: 움직이면 살아 있는 거예요? C2: 예. C6: 저는요, 멍멍이를요, 컴퓨터 의자에 앉히면 좋아해요. T: 예인이는 인형이 움직이면 살아 있다고 생각해? C10: 제가 발레 춤을 추면 인형도 춤을 춰요.

T: 예인이가 발레 춤을 추면 곰돌이도 발레 춤을 춘다는 거예요? 본 적이 있어요?

C10: **예. 춤추는 거 봤어요.**

C6: **참 신기하다.**

T: 그럼 곰돌이가 살아 있다는 거예요? 스스로 춤을 춰요?

C10: 버튼을 누르면 춰요.

T: 아, 버튼을 누르면. 선재야, 예인이는 인형이 움직이면 살아 있다고 생각한대. 너도 그렇게 생각해?

C11: (고개를 끄덕인다)

T: "나는 인형을 살아 있는 사람이라고 생각해요" 하는 사람? (손을 올린다)

(7명의 유아들이 손을 든다).

• 9차시 토론에서는 유아-유아 상호작용이 2회 나타나다가 유아-유아-유아-유아-유아의 연속적인 반응이 나타났다.

〈9차시〉

예화 주제: 친구(9차시)

T: **동물하고는 친구가 될 수 있을까?**

Cs: 예.

C11: 없어요. 동물은 크고 사람은 작으니까요.

T: 동물이라고 다 큰 걸까?

Cs: 아니요, 작은 것도 있어요.

C2: 고양이, 강아지는 친구가 될 수 있어요.

T: 왜 강아지하고는 친구가 될 수 있을까?

C2: 새끼 강아지는 귀여우니까.

C6: **사자나 호랑이, 코끼리같이 큰 동물은 친구가 될 수 없구요, 작은 동물인 병아리, 닭, 쥐, 강아지는 친구가 될 수 있어요.**

T: 병아리나 강아지는 말을 못하는데 친구가 될 수 있을까?

C6: 말을 못해도 친구가 될 수 있어요. 저도 텔레비전에서 봤는데요. 강아지나 늑대하고도 친구가 되었구요. 그래도 귀여우면서 큰 짐승들은 집안에 못 들어오잖아요. 그러나 병아리나 강아지 같은 작은 동물들은 집을 만들어줘서 같이 살 수 있어요.

T: 사람과 같이 살 수 있는 동물은 친구가 될 수 있다는 말이니?

Cs: 예.

C2: 저는 호랑이와 친구예요.

T: 호랑이와 친구라고?

C2: **멋지게 생겨서요.**

C4: **사자와 호랑이는 친구예요.**

T: 사자와 호랑이가 멋지다고 친구가 될 수 있을까?

Cs: 아니요.

C6: 엄마 친구 집에 갔는데요. 강아지가 먹을 것을 달라고 꼬리를 흔들었어요. 강아지는 말할 때 다 알아들어요.

T: 말을 알아듣는다는 것을 어떻게 알 수 있을까?

C6: **먹을 것을 들고 있었더니 먹는다고 제 손을 물어서 조금 아팠지만 안마하는 것처럼 시원했어요.**

C2: **앵무새는 말을 하잖아요. 사람이 말을 가르치면 말을 해요.**

C10: **앵무새는 노래도 할 수 있어.**

C8: **우리 집은 동물을 키우는데. 토끼, 강아지……**

• 17차시 토론에서는 유아-유아-유아-유아, 유아-유아-유아, 유아-유아-유아-유아-유아의 상호작용을 보인다. 유아의 발화수가 교사의 발화수에 비해 급속히 증가를 보였다.

〈17차시〉

예화 주제: 거짓말(17차시)

T: 친구나 가족이나, 엄마 아빠한테 거짓말한 경험을 이야기했어요. **그럼 모든 사람이 거짓말한다면 친구를 가질 수 있을까?**

Cs: 없어요.

C13: 가질 수 있어요.
세수했다고 거짓말했어도 진짜 세수하면 되잖아요.

T: 선생님 질문이 무엇이었는지 누가 말해 줄 사람?

C17: **모든 사람이 거짓말한다면 친구를 가질 수 있냐고.**

C19: **왜냐하면 나중에 들킬 수가 있어요.**

C12: **거짓말은 나쁜 거니까.**

C22: **거짓말을 하면요, 나중에 친구가 알게 되니까.**

(중간 생략)

T: **다른 생각을 가진 사람?**

C19: **믿을 수 없어요. 왜냐하면 거짓말은 나쁜 거니까.**

C12: **언제 동생이 거짓말을 했는데 전 동생이 거짓말 친 건지 알고 안 믿었어요.**

C13: **믿을 수가 없어요. 거짓말은 나쁜 거라서.**

(중간 생략)

T: **우리가 서로 거짓말을 해서 믿을 수 없다면 사람들 사이가 어떻게 될까?**

C13: **친구가 안 될 것 같아요.**

C17: **믿을 수가 없을 것 같아요. 경찰도 거짓말하면요, 다요,**

믿을 수가 없어서요……
C14: 친구가 안 생길 것 같아.
C12: 갈라질 거야.
C19: 싸울 수도 있어.
C17: 사이가 나빠져요. 거짓말하는 사람 조금 있어요.
C15: 나는 많이 거짓말했는데.

• 24차시 토론에서는 교사가 발문만 하였을 뿐 토론은 유아 주도적으로 이루어졌다. 더욱이 주목할 부분은 유아들끼리 서로 주고받는 식의 상호작용을 보였다.

〈24차시〉

예화 주제: 감정이입(24차시)

T: 여러분도 제스처럼 여러분이 소중히 여기던 것이 깨지거나 고장이 나서 마음이 아파본 적이 있나요?
C1: 엄마가 꽃을 사줬는데 병에 놨었는데 어떤 형아가 축구공으로 앞에서 차서 병이 쓰러져 넘어졌어요. 유리에 아빠 발이 찔렸어요.
C11: 아빠가 장난감을 사줬는데요, 밤에 가지고 놀다가 부서졌어요. 팔이랑 다리.
C7: 조심해야지(안됐다는 표정으로).
C9: 자기가 소중히 여기는 것이 부서지면 마음이 아파요.
T: 부서져서 어떻게 했어요?
C11: 버렸어요.
C1: 나 그것 아직도 아끼는데, 엄마가 테이프로 붙여줘서 가지고 노는데.

C2: 아빠가 장난감을 사 주셨는데 부서져서 몇 개는 버리고 몇 개는 남아서 가지고 놀았어요.
C6: 옛날에 아끼는 인형이 있었는데요, 삼촌이 벽지를 깔았어요. 그런데 본드에 붙여져 뗐는데요, 그 뽀송뽀송한 인형털이 다 떨어졌어요. 그래서 버렸어요.
C1: 나는 아꼈어요. 깨진 병요, 다시 테이프로 붙여가지고 써요. 아빠가 집다가 찔려가지고 피 났어요.
T: 소인이는 물건을 소중히 생각하는구나. 선재야, 네 장난감을 고쳐 사용할 순 없었어요?
C11: 예(고개를 끄덕끄덕).
C1: 고칠 수 있는데. 나는 팔을 테이프로 붙여. 아니 본드로 붙여 가지고 움직였는데.
C11: 아니, 나는 안 버리려고 했는데 엄마가 버려 버렸어.
C1: 우리 엄마는 깨진 것도 테이프로 다 붙이는데.
C6: 아빠가 물고기 담은 어항을 깨뜨려 가지고 테이프로 붙였어요. 그런데 물고기가 바닥에 떨어졌는데 그냥 버렸어요. 살았는데.
C1: 아니지, 컵에다 물을 담고 자갈을 넣어 물고기를 넣으면 되지.

4) 유아-교사 상호작용

교사-유아, 유아-유아 상호작용은 토론과정에 대한 질적 분석을 토대로 하여 토론의 주도성 변화를 한눈에 알아보기 쉽도록 그림으로 나타낸 것으로, 2차시, 9차시, 17차시, 24차시 각각의 토론에서 가장 활발했던 에피소드의 상호작용을 소개하면 [그림 11]과 같다.

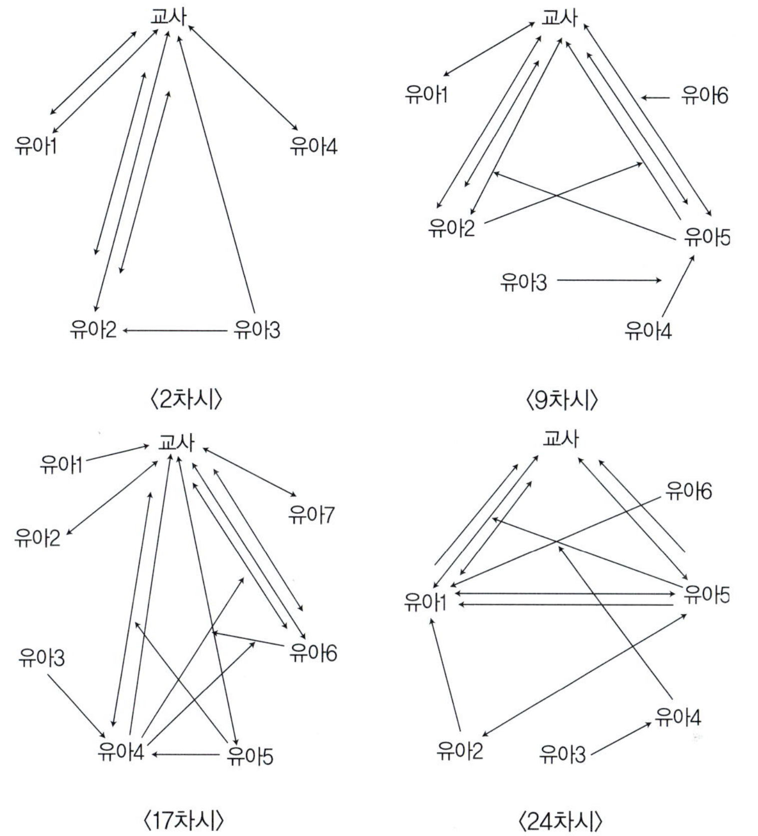

[그림 11] 유아-교사 상호작용의 변화도

[그림 11]의 유아-교사 상호작용의 변화도와 앞에서 분석한 내용(토론의 주도성 변화)에서 알 수 있듯이, 처음 2차시 토론에서는 주로 모든 대화가 교사를 경유하여 이루어지는 주고받기 패턴의 교사-유아의 상호작용이 이루어지고 있지만 점점 교사 중심에서 벗어나 서로에게 반응하는 유아-유아의 상호 작용으로 변화가 나타나고 있다. 이러한 결과는 토론활동에서 교사의 관여가 줄어들고 유아들의 자발적인 토론이 이루어져 가고 있음을 나타낸다.

● 논의

첫째, 철학적 탐구공동체 활동은 유아의 배려적 사고 개발 또는 증진에 효과가 있는 것으로 나타났다. 배려적 사고의 5가지 유형 중 '가치부여적 사고', '정서적 사고', '감정이입적 사고', '행동적 사고'에서 두 집단 간에 유의미한 차이가 있었다. 이러한 결과는 탐구공동체 활동이 인간 존중의 원리를 기본으로 하며, 탐구공동체의 절차는 공동체 자체에 의해 존중되고 실행되는 것이라는 주장(Lipman, 1991, 2003; Sharp, 2004, 2006, 2006a; Splitter & Sharp, 1995; Sprod, 2001)을 뒷받침한다. 선행 연구에서도 탐구공동체 활동이 구성원들 간에 서로 존중하고 배려하며 타인과의 협력을 조장하여 인권존중 사고를 향상시키고, 도덕적 사고력을 함양하여 주체적으로 사고하는 민주시민으로서의 자질을 나타내는 공동체 사회를 형성하였다는 연구 결과들과 맥을 같이하고 있다(신화영, 2003; 이남주, 2006; 임경애, 2003; Palsson, 1994; Schleifer, Daniel, Peyronnet & Lecomte, 2003; Schleifer & Poirier, 1996). 또한 유아들은 힘들고 어려운 친구나 가족을 격려하고 위로하며 친근하게 다가가 타인을 이롭게 하는 이타성 지향의 정서적 사고를 잘 나타냈으며, 타인에 대한 공감을 바탕으로 도덕적으로 적합하게 판단하고 남을 도와주려는 능동적이고 적극적이며 실천적인 행동적 사고를 보여주었다. 이렇게 인지와 정서는 분리된 것이 아니라 도덕적 인식은 곧 정서이며, 배려적 사고는 소중히 여기기, 양육하기, 공감하기, 칭찬하기 및 가치 부여하기 등과 같은 인지 및 정서가 결합된 산물이라는 Lipman(2003)의 주장과, 유아들이 좋은 판단을 할 수 있도록 교육하려면 정서교육에 참여해야 하며 탐구공동체 활동은 유아들에게 정서교육의 기회를 제공한다는 Sparp(2006 미간행b)의 주장을 뒷받침하고 있다. 따라서 철학적 탐구공동체 활동은 유아의 배려적 사고를 증진시키는 적합한 대안 학습법으로 교육현장에 접목되어야 할 필요성이 요청된다.

그러나 '규범적 사고'의 경우, 두 집단 간에 유의미한 차이가 나타나지 않았다. '규범적 사고'의 경우 교사가 입학 초기에 집단에 상관없이 모든 유아가 유치원 생활에 잘 적응하도록 또는 학급을 원활히 운영하기 위하여 유아들이 지켜야 할 규칙, 친구를 대하는 방법, 교구를 사용하는 방법 등 보다 구체적으로 교수한 결과라고도 해석될 수 있겠다. 실험집단이나 비교집단이 각각 필요한 규칙을 구체적으로 제시하고 반복하여 학습하고 있는 것이다. 규범적 사고에 관한 이와 같은 긍정적인 해석과 더불어, 오늘날 교육현장 곳곳에는 왜곡되고 와해된 도덕규범이 많은 것도 사실이다. 의무를 수행하거나 상황에 적합하게 옳은 행동을 하는, 또는 일상생활에서 마땅히 해야 할 바를 행하는 등의 경우에서 벗어나, 사회 곳곳에 일탈된 사고나 행동이 만연해 있다는 것도 쉽게 접할 수 있다. 규범적 사고는 유아교육의 중요한 교육내용과 방법으로 간주되어야 할 것이며, 유아들의 규범적 사고를 향상시키기 위해서 사회 전반의 도덕적 성숙과 함께 장기적인 교육 투자가 필요하겠다.

둘째, 철학적 탐구공동체 활동을 통해 개발, 증진된 유아의 배려적 사고능력이 교실에서의 일상생활에 효과를 나타낸다는 연구결과에 관하여 생각해 볼 수 있다. '유아의 배려적 사고 수행능력에 대한 교사의 관찰척도' 결과를 배려적 사고의 유형별로 살펴보면, 유아들의 '정서적 사고', '감정이입적 사고', '행동적 사고'에서는 집단 간 유의미한 차이를 나타내고 있었다. 한편 '가치부여적 사고', '규범적 사고'에서는 유의미한 차이가 나타나지 않았는데, 이는 유치원에서 교사가 입학 초기부터 유아에게 기본 생활습관과 관련된 교육을 꾸준히 실시한 결과라고 이해된다. 박찬옥(1994)에 따르면, 기본 생활습관에 관련되는 내용덕목은 문화적 · 역사적 전통 속에서 가치 있다고 전달되어 온 행동들로 선정되어야 하며, 현재의 공동체 생활에서 일상화된 행동 중 가치 있는 덕목들이 교육내용으로 선정되어야 하고, 유아가 스스로 자신을 다스리고 관리할 수 있는 인격체로 성장할 수 있도록 적합한 교육방법이 강구되어야 한다는 것이다. 1982년에 문교부는 기본 생활습관 지도 자료집에서, 우리의 전통 윤리에 바탕을 두면서 선진 문화 국민으로서 갖춰야 할 기본 생활습관 교육을 위해 정직한 마음, 예절바른 몸가짐, 친절한 태도와 질서 있는 행동, 청결하고 정돈하는 습성 등을 제시하였다. 태도와 행동도 중요하지만 마음가짐을 우선시한 교육은 오늘날 현행 7차 유치원 교육과정의 사회생활 영역에서도 면면히 이어져 '나를 소중하게 여기기', '나의 일 스스로 하기', '나의 감정 알고 조절하기', '가족과 화목하게 지내기', '가족과 협력하기', '예절 바르게 생활하기', '다른 사람을 이해하고 존중하기', '질서와 규칙 지키기', '두레의 소중함을 알고 협력하기', '주변 지역에 관심 가지기', '경제생활에 관심 가지기', '우리나라와 우리 전통문화에 관심 가지기', '다양한 문화에 관심 가지기' 등을 강조함으로써 이미 유아들은 생활 속에서 가치부여적 사고나 규범적 사고를 행위로 실천할 기회를 충분히 누리고 있기 때문에 사실 두 집단 간에 차이가 나타나지 않는 것으로 해석될 수도 있다. 그러나 바른 가치관을 형성할 수 있는 가치부여적 사고와 규범적 사고 교육은 여전히 유아교육의 중요한 교육내용과 방법으로서 강조되어야 하며 유아의 경험적 수행으로까지 연결될 수 있도록 꾸준한 교육이 필요하리라 추정된다.

셋째, 철학적 탐구공동체 활동을 실시한 실험집단 유아들의 토론 및 활동에서 의미 있는 변화와 특징을 보였다. 토론 초반에 소극적인 참여를 보였던 소수 유아는 횟수가 거듭될수록 토론에 흥미를 보이며 수용적이고 개방적인 분위기에 힘입어 후반기에 접어들어서는 자신감을 가지고 적극적으로 참여하였다. 토론 중 유아들은 '말하기'보다 '듣기'를 더 힘들어하였으나, 공동체 활동 중에 서로 반응하고 격려하였다. 간혹 토론이 끝날 무렵 또는 비가 오는 날 산만한 행동을 보이는 친구에 대해서는 같은 동료로서 특히 여아들이 남아에게 “조금만 참아”, “조금 있으면 끝나”, “힘들어?”, “쉿!(손가락으로 입을 가리키며)”, “(속삭이듯) 조금만 조용히 해” 등 배려, 공감, 도움, 우정이 담긴 언어적 표현을 하였다. 토론 중간에 감기로 인해 코를 훌쩍거리는 친구를 위해 휴지 가까이에 앉은 유아는 자발적으로 휴지를 친구에게 갖다주었고, 옆에 앉은 친구는 어깨에 손을 얹고 얼굴을 들여다보며 친구의 처지가 마냥 안쓰러운 양 어깨를 어루만지는 등 신체적 표현도 보여주었다. 배려적인 교실 공동체를 형성하기 위한 교육적 책략으로 학급 모임, 이야기 나누기, 인성교육을 실시함으로써 타인에 대한 관계형성을 촉진시킬 수 있었다고 보고한 Vincent(2002)의 연구 결과를 확인할 수 있는 광경이 어린 유아들의 관계에서 확인되고 있는 것이다. 탐구공동체 활동이 유아의 배려적 사고능력을 증진시키는 데에 긍정적인 효과를 미칠 수 있음에 주목할 필요가 있겠다.

넷째, 철학적 탐구공동체 활동에서 유아들은 사고의 주체자로서 자신이 갖고 있던 기존의 가치관과 신념에 의거하여 문제를 반성함으로써 사고를 재구성하고, 사회적으로 바람직하다고 여겨지는 윤리적 가치와 자신의 욕구를 함께 고려하여 행동으로 직접 실천하는 윤리적·배려적 사고를 보여주었다. 뿐만 아니라 유아들은 비판적 사고, 창의적 사고 등 다양한 철학적 사고의 유형을 보여주었다. 즉, 유아들은 탐구공동체 활동 중에 자신의 의견에 대한 근거를 제시하고 다른 유아의 의견에 대한 평가 및 판단을 할 수 있는 비판적 사고능력, 문제 해결의 방법을 제시하고 대안을 제시하며 스스로 사고함을 나타내주는 창의적 사고능력, 편견에서 벗어나고 자기 수정적 사고를 하는 반성적 사고능력을 보여주었다.

그런가 하면 「인형병원」의 철학적 내용은 철학적 탐구공동체 활동에 참여하는 유아들을 진(眞), 선(善), 미(美)뿐 아니라 인간의 의미와 현상에 대한 것으로 미의 경험에 몰입하도록 도와주었다. 유아들은 「인형병원」을 읽고 중심 주제를 찾아 각각의 의미를 밝히며 서로의 생각을 교환하는 가운데 윤리적 행위의 아름다움에 대한 미적 삶의 세계를 접하기도 하였다. 이는 상위수준의 사고인 비판적 · 창의적 · 배려적 사고는 독립된 사고가 아니라 상호 교류하는 다차원적 사고로서 이 모든 기준을 만족시킬 때 비로소 훌륭한 사고가 될 수 있다는 Lipman(2003)의 지적을 상기시키며, 철학적 탐구공동체 활동의 긍정적 역할을 보여준다.

다섯째, 두 집단 각각에 대하여 유아의 배려적 사고 및 배려적 사고 수행능력의 성별 차이를 검증한 결과, 선행연구와 달리 남아와 여아의 배려적 사고에는 차이가 없었다. 앞서 살펴본 선행연구들은 상반된 연구 결과를 보이고 있었다. 우선 Gilligan과 Attanucci(1988), Johnston(1988), Noddings(1984) 등은 여성의 배려 지향이 높다고 보고하고 있다. 이후 최근의 연구들(곽경화 · 정옥분, 2003; Skoe & Diessner, 1994; Sochting, Skoe, & Marcia, 1994)도 성인과 청소년의 경우, 배려지향적 도덕성 수준에 대해 남성보다 여성이 우세하다는 결과를 제시하고 있다. 반면, Ford와 Lowery(1986), Friedman, Robinson & Friedman(1987), Walker(1989) 등은 정의지향적 추론과 배려지향적 추론이 성별에 따라 유의한 차이를 나타내지 않는다고 보고하고 있다.

Lipman(2003)에 의하면 어린이들은 평화, 자유, 상호의존, 민주주의, 개성, 권리, 정의와 같은 개념들의 의미를 잘 알아야 하며, 비록 그런 의미들에 대해 심한 불일치가 있다 하더라도 합리적인 숙고가 일어나고, 고정관념을 드러내고, 편견과 충돌이 감소되는 절차 속에서 그러한 개념을 연습해 볼 수 있는 기회를 많이 가져야 한다고 주장한다. 그리고 이것을 만족시키기 위해서는 교실을 탐구공동체로 전환해야 한다고 강조한다. 정한식(2001)도 탐구공동체 활동이 따돌림 행동 감소에 효과가 있음을 보고하였다.

배려적 사고 능력에서 남녀 유아의 성별에 따른 차이가 없다는 본 연구의 결과는 유아기 남아가 여아에 상응하는 수준의 배려적 사고를 하고 있다는 해석을 가능하게 한다. 반면, 남 · 여아 모두 아직 어린 유아 시기인 만큼 배려지향적 사고와 정의지향적 사고가 분화되지 않았기 때문에 성별에 따른 차이가 나타나지 않았을 것이라는 해석도 가능하다. 그러나 두 경우 모두 철학적 탐구공동체 활동을 통하여 배려지향적 사고와 정의지향적 사고를 균형 있게 발달시킬 수 있다는 가능성을 함축한다. 또한 탐구공동체 활동을 통한 배려적 사고 교육을 유아기부터 계속적으로 실시함으로써, 타인에 대한 무관심과 이기주의가 심화되어 나타나는 청소년 비행, 폭력, 패륜 집단따돌림 등과 같은 청소년 문제를 예방하는 대안으로서의 가능성도 생각해볼 수 있겠다. 철학적 탐구공동체 활동은 여아나 남아에게 인간관계, 책임과 의무, 타인에 대한 관심, 공감, 동정심 등의 배려적 사고를 일찍부터 형성하도록 도움으로써 윤리적 이상을 실현하는, 인간을 육성하는 중요한 대안 학습법이라고 말할 수 있는 것이다. 유아기부터 탐구공동체 활동을 통한 배려적 사고교육을 실시할 또 하나의 근거가 여기에 있다.

여섯째, 배려적 사고에 있어서 남아와 여아의 차이는 없었으나 여아의 평균 발화수는 7.00이고 남아의 평균 발화수는 5.25로 의미 있는 차이를 보였다(t=−4.06, p〈.01). 즉, 여아의 발화수가 많은 것으로 나타났다. 발화수가 많다고 해서 배려적 사고가 높다고 말할 수는 없다. 그러나 언어적 의사소통이 사고를 위한 일차적 도구이고(Fisher, 1998) 철학적으로 사고하는 능력이 대화와 토론을 통해 나타난다는 점에서 사고를 평가하는 방법으로 토론을 추적하여 평가할 때(Costello, 2000; Fisher, 1998), 발화수는 토론에 대한 공헌과 참여도를 나타내는 하나의 척도가 된다. 조선희(2000)는 사고 교육을 위한 유아의 탐구공동체 활동에서 시간이 흐름에 따라 또래 간 상호작용에 참여하는 유아수가 증가하였고, 유아의 발화수도 증가하였다고 보고하였다. 김현경(2002)은 유아의 비판적 사고를 위한 토의활동에서 토의 횟수가 증가함에 따라 참여하는 유아수와 유아의 발화수가 증가하였는데, 여아보다는 남아의 발화수가 증가하였다고 보고하였다. 유아의 배려적 사고 증진을 위한 본 연구 결과에서는 여아의 발화수가 증가한 것으로 나타난 반면, 유아의 비판적 사고를 위한 선행연구(김현경, 2002) 토의활동에서 남아의 발화수가 증가했다고 보고한 연구는 흥미로운 결과로서, 추후 검증해 볼 필요가 있다.

일곱째, 철학적 탐구공동체 활동의 토론 중 유아의 역할이 점차 증대되어가는 의미 있는 변화에 대한 논의이다. 유아 11명을 대상으로 철학적 탐구공동체 활동을 실시한 과정에서의 토론 참여 정도를 살펴보면, 처음 2차시 토론에 참여하여 발화한 유아는 63.64%였고, 마지막 24차시 토론에서는 실험대상 유아 11명 모두가 발화하여 100%를 기록하였다. 이는 조선희 · 유연옥(1999)의 33명의 유아를 대상으로 실시한 철학적 탐구공동체 활동 중 토론 참여 정도에서는 사전 검사의 토론에 참여한 유아가 27.27%였고, 사후 검사의 토론에 참여한 유아는 45.45%였다는 연구 결과에 비해 상당히 고무적인 결과이다. 더불어 이러한 본 연구의 결과는 토론에 참여한 유아 수가 적으면 그만큼 상호작용의 기회가 많아져 유아들의 철학적 · 배려적 사고의 참여가 가능할 수 있음을 보여준다. 33명 정도의 유아가 함께하는 선행 연구의 대그룹 토론활동에서는 토론활동 내내 절반 이상의 유아가 발화의 기회를 얻지 못하고 있는 것이다. 따라서 유치원의 학급 크기가 큰 경우, 소그룹으로 나누어 보다 많은 유아가 직접 발화의 기회를 얻으며 적극적으로 토론에 참여하도록 활동을 구성할 필요가 있겠다.

한편 토론활동 중 처음 2차시 토론에서 교사의 발화비율은 39.80%였는데 마지막 24차시 토론에서는 교사의 발화비율이 30.10%로 줄어들었다. Santi(1993)에 따르면, 교실 토론에서는 교사의 개입 빈도가 30% 미만이 적절하다고 한다. 본 연구에서는 2차시 토론에서 39.80%가 나타났으나 15차시 토론에서는 30.28%가 나타났으며 그 후 계속 약 30%로 나타나, 토론에서 교사의 개입 비율이 적절하다고 볼 수 있다. 일반적인 유치원에서 모든 유아들이 교사의 얼굴을 바라보고 앉아서 교사가 주도해가는 지배적인 대화 패턴과는 매우 다르다는 것을 알 수 있다.

본 수업과정에서 교사-유아 간의 대화 패턴도 토론 초기에는 모든 대화가 교사를 경유하여 이루어지는 주고받기 패턴의 토론이 이루어졌으나 차츰 유아들은 교사뿐 아니라 서로에게 반응하였다. 토론 횟수가 증가함에 따라 유아의 발화비율이 점차 증가하는 양상을 보이는 것도 같은 맥락이다. 이는 토론활동의 초기에는 교실에서의 대화와 토론이 교사를 경유하여 이루어지다가 점차 공동체 구성원에 의해 적절하게 이루어진다는 선행연구의 설명과 일치한다(조선희 · 유연옥, 1999; Lushyn, 2002; Niklasson, Ohlsson & Ringborg, 1994; Spiltter & Sharp, 1995; Wilks, 1995). 다시 말해 탐구공동체 활동은 교사 주도적 학습에서 유아 주도적 학습으로 변화시킨다. 지적 호기심에 의해 탐구하고자 하는 유아기부터 탐구공동체 활동을 실시할 또 하나의 근거가 여기에 있는 것이다.

이에 앞으로 다음과 같은 연구가 이루어질 필요성이 지적된다.

첫째, 우리나라의 정서에 맞는 교재 개발이 이루어져야 할 것이다. 본 연구는 미국의 IAPC가 개발한 교재 「The Doll Hospital」을 번역하여 실험교재로 사용하였다. 토론은 생활 경험과 연관지어 이루어지는 만큼 교사 지침서의 토론계획 내용이 우리 생활에 적절하지 않은 내용도 있어 우리 문화에 적합한 유아용 철학동화와 함께 교사 지침서가 개발되어야 할 것이다. 최근 유아들의 생활과 우리나라 문화가 접목된 유아용 철학동화(정대련, 2007) 제작이 시도되고 있음은 상당히 고무적인 현상이다.

그리고 이 연구에서 사용된 배려적 사고 평가도구는 연구자가 처음 제작한 평가도구인 바, 앞으로 유아의 배려적 사고를 보다 객관적으로 평가하기 위한 표준화된 평가도구의 개발이 요구된다. 또한 질적분석에 있어 토론 과정에 대한 질적인 평가방법 및 토론 내용을 분석하는 방법, 그리고 토론의 역동성 요소 분석 등 배려적 사고 교육의 방법으로서 토론에 대한 심층적인 연구가 필요하다.

둘째, 본 연구에서는 여아의 발화수가 증가한 반면 선행 연구의 비판적 사고 연구(김현경, 2002)에서는 남아의 발화수가 증가한 점에 관심을 둘 필요가 있겠다. 그러한 연구 결과가 연구 주제 때문인지, 아니면 연구방법론에 기인하는 것인지 알아볼 가치가 있는 것이다. 배려적 사고는 여성지향적 성향이고 비판적 사고는 남성지향적 성향 때문인지, 아니면 배려적 사고에 관한 본 연구가 철학적 탐구공동체 활동 방법으로 전개되었고 비판적 사고에 관한 선행 연구는 토의활동 방법으로 실시된 차이 때문인지 차후 흥미 있게 연구해볼 필요가 있겠다.

셋째, 작금의 교사 주도 활동에 익숙한 기존의 교수형식을 벗어나, 유아와 함께 열린 사고로 서로 대화하고 토론하며 상호 존중하고 배려하는 가운데 철학적 탐구공동체를 형성하기 위해서는 체계적인 교사교육과 지원이 요청된다. H. Palsson(1994)은 초등학교 교사들을 대상으로 40시간의 철학교육을 실시한 후에 참여관찰 연구를 한 결과, 교사들이 철학을 성공적으로 가르칠 수 있었다고 보고한 바 있다. 교육청 또는 교육연구회 단위로 철학적 탐구공동체 활동을 실시하는 데 필요한 교사 연수 및 workshop 등 교사교육 프로그램이 마련되어야 할 것이다.

마지막으로 교사의 저널을 소개하고자 한다. 연구자가 실험 실시 중 작성한 교사 저널은 철학적 탐구공동체 활동에 대한 하나의 자료가 될 수 있을 것으로 생각되어 그 내용의 일부를 소개한다.

교사의 저널 소개

나는 요즈음 습관적으로 철학수업이 있는 전날은 일기예보에 신경을 쓰게 되고 아침에 눈을 뜨자마자 하늘부터 살피게 된다. 비가 안 오기를 바라는 마음과는 달리 부슬부슬 비가 온다. 비오는 날이면 유아들은 평소와는 달리 집중력이 떨어지고 태도가 어수선해진다. 며칠 전부터 어떻게 유아들의 마음을 차분하게 진정시킬 좋은 방법이 없을까(?) 고민하다가 나는 집에 있는 테이프 중에서 명상에 좋은 음악 테이프를 준비해 유치원으로 향했다.

유아들은 토론하는 교실에 들어오면서부터 색다른 분위기에 잠깐 멈칫하지만, 나의 무언의 제스처를 보고 조용한 음악과 함께 자리에 앉아 눈을 감고 명상에 잠긴다. 처음엔 끼득끼득 웃는 유아도 있었지만 금세 분위기에 젖어 의젓한 모습을 보인다. 짧은 시간이지만 유아들에겐 효과가 있다. 눈을 뜨고 토론에 들어갔다. 서로 이야기를 하겠다고 손을 든다. 처음엔 먼저 시켜주지 않는 것에 실망도 하고 약간의 원망도 나타냈지만 이젠 제법 익숙해져서 양보할 줄도 알고 기다릴 줄 아는 여유로움이 보인다.

그러나 아직도 익숙해지지 않는 것은 친구의 말에 귀 기울여 듣는 태도이다. 그래서 나는 중간 중간 친구의 말을 잘 듣고 있는지 알아보기 위하여 되물어 보고 답변을 잘하는 유아에게 다른 친구들이 잘 알도록 말해줘서 고맙다는 칭찬을 아끼지 않는다. 유아들로 하여금 잘 듣도록 유도하는 하나의 방법이다.

토론에서 유아들은 자신의 의견을 적극적으로 제시하는 등 서로 주고받는 횟수가 빈번해지고 있어 다행스럽다. 오늘도 우리는 토론 주제와 관련지어 일상생활에서의 실수나 엄마, 아빠의 싸움과 같은 가정사에 대한 솔직하고 스스럼없는 이야기로 웃기도 하고 친구의 말에 공감하여 안타까워하기도 하고 자신의 의견을 상대방에게 전달하려는 진지한 모습을 나타내기도 한다. 탐구공동체 활동에서 가장 중요한 핵심은 정직과 존중인데 유아들의 솔직한 모습과 이에 대한 유아들의 긍정적인 태도는 그래도 탐구공동체가 잘 이뤄지고 있구나 하는 안도의 한숨을 쉬게 한다. 유아들이 스스럼없이 이야기한다는 것은 그만큼 수용적이고 개방적인 분위기가 이뤄졌다는 것이며 서로를 신뢰한다고 볼 수 있기 때문이다.

하지만 오늘 활동에서도 아쉬움은 있었다. 요즈음 집중하는 태도를 보이던 ○○가 오늘은 중간에 친구의 발언을 재미삼아 웃기는 말로 분위기를 흐트러뜨려 ○○를 내 옆에 앉히고 집중하는 모습을 보일 때마다 머리를 쓰다듬어주기도 하고 손을 잡아주기도 하였다. 대부분의 유아들은 처음보다 적극적으로 활발하게 참여하는데 △△는 아직도 스스로 자신의 의견을 잘 표현하지 못한다. 오늘도 간단한 질문으로 참여의 기회를 주었지만 전과 다름없이 "예"라는 간단한 대답뿐 그 이상의 의견에 대해서는 주저한다. 앞에 앉은 □□가 "괜찮아, 말해"라고 용기를 북돋아주었지만 끝내 주저하며 머뭇거리다 만다. 그래도 뭔가 머뭇거린다는 것은 머지않아 곧 말문을 열어 자신의 생각을 쏟아낼 것이라는 의지의 표현으로 보면 틀림없다. 나의 경험으로 볼 때, 한 학기 동안 한 마디 말도 없이 친구의 말만 듣던 유아가 학기 끝 무렵에는 스스로 자신의 의견을 피력하는 경이로움을 경험한 바 있다. △△도 머지않아 멋지게 자신의 의견을 피력할 것이라고 믿기에 오늘도 나는 △△에 대해 마음의 여유를 가져본다.

참 고 문 헌

강세창(1988). 철학교육이 국민학생들의 논리적 사고력 함양에 미치는 영향. 한국외국어대학교 교육대학원 석사학위 청구논문.

교육과학기술부(2008). 유치원 교육과정 해설. 대한교과서주식회사.

김세희(2000). 유아문학교육. 서울: 양서원.

김수동(2005). 배려의 교육. 서울: 장서원.

김수향(2003). 그림책을 활용한 창의적 문제해결 과정이 유아의 창의적 사고 및 문제해결 능력에 미치는 영향. 동덕여자대학교 대학원 박사학위 청구논문.

김숙희(2005). 탐구공동체 활동을 통한 초등학생 말하기 능력 신장. 진주교육대학교 교육대학원 석사학위 청구논문.

김영옥(2003). 유아의 친사회적 행동 평가 척도 개발 연구. 아동학회지, 24(5), 105-118.

김영주(1998). 전래동화와 창작동화에 나타난 아버지 역할 비교. 서울대학교 대학원 박사학위 청구논문.

김정금(1994). 도덕교육에서의 정의와 배려의 도덕성. 교육철학, 12, 39-54.

김정인(2001). 보육시설의 질적 수준에 따른 유아의 감정 조망수용 능력과 친사회적 행동. 이화여자대학교 대학원 석사학위 청구논문.

김현경(2002). 유아를 위한 비판적 사고 교수모형의 구성 및 그 적용효과에 관한 연구. 중앙대학교 대학원 박사학위 청구논문.

김회용(2002). 통합적 도덕교육으로서의 철학적 탐구공동체. 교육철학, 21, 57-76.

니콜라이 포포프(1997). 왜?. 서울: 현암사.

목영해(2002). 배려윤리와 유교윤리의 공통점과 그 함의. 도덕교육연구, 14(1), 45-67.

문교부(1982). 기본생활습관 지도 자료, 학교교육용 장학자료 제 37호.

박명숙(2005). 철학적 탐구공동체 활동이 유아의 비판적 사고력 향상에 미치는 효과. 계명대학교 유아교육대학원 석사학위 청구논문.

박병춘(1999). 보살핌 윤리(An ethic of care)의 道德敎育的 接近 硏究. 서울대학교 대학원 박사학위 청구논문.

박보연(2006). 옛 이야기 그림책에 나타난 배려 및 배려적 사고. 동덕여자 대학교 대학원 석사학위 청구논문.

박성철(2003). 탐구공동체를 통한 토론 수업이 학습태도 및 사회성에 미치는 영향: 윤리과 교과 재량 활동을 중심으로. 한국교원대학교 교육대학원 석사학위 청구논문.

박윤정(1997). 귀인 및 정서 인식 능력과 아동의 사회적 유능성간의 관계. 연세대학교 대학원 석사학위 청구논문.

박이문(1990). **자비의 윤리학**. 서울: 철학과 현실사.

박진환(2003). 철학적 탐구공동체 방법을 통한 인격 교육. **국민윤리연구**, 53, 29-50.

______(2005). 어린이 도덕교육에 대한 철학적 탐구공동체 접근. Doing Philosophy with Young Children. **동덕여대 해외석학초청세미나 자료집**, 13-24.

박찬옥(1994). 유치원 도덕교육의 방향모색. **유아교육연구**, 14(1), 51-73.

석용원(1983). **동화구연의 이론과 실기**. 서울: 백록출판사.

소흥렬(1987). 소크라테스의 철학. **철학교육연구**, 3(7), 15-24.

송명자(1995). 발달이론체계의 최근동향 개관. **동아교육논총**, 21, 29-47.

송항룡(1991). **동양인의 철학적 사고와 그 삶의 세계**. 서울: 명문당.

숲속나라유치원(2000). 철학적 탐구공동체 활동을 통한 유아의 창의적 사고력 함양. **경상남도교육청 지정 시범유치원 운영 보고서**.

신인숙, 유연옥(2003). 철학적 탐구공동체 활동이 유아의 기본생활습관 형성에 미치는 효과. **미래유아교육학회지**, 10(1), 269-296.

신창호(2001). '배려(caring)'의 동양적 의미와 교육적 함의. **안암교육연구**, 7(1.2), 27-43.

신화영(2003). 탐구공동체 철학교육 활용을 통한 바른생활과(科)에의 적용. 부산교육대학교 교육대학원 석사학위 청구논문.

심성보(1996). '보살핌'의 윤리와 도덕교육론. 초등교육연구, 9, 1-26.

유정화(1993). Elfie교재 학습이 논리적 사고력에 미치는 영향. 고려대학교 교육대학원 석사학위 청구논문.

윤무학(2006). 선태 유가의 군신윤리와 '충' 개념. 동양철학연구, 48, 251-279.

이기숙(2001). 유아교육과정. 서울: 교문사.

이나현(1998). 배려의 윤리적 관점에서 분석한 도덕판단 지향성 연구. 고려대학교 대학원 박사학위 청구논문.

이남주(2006). 철학적 탐구공동체 활동이 초등학생들의 도덕 판단력 신장에 미치는 효과. 서울교육대학교 교육대학원 석사학위 청구논문.

이미식(2000). 정의와 배려의 윤리적 논쟁과 도덕교육에 대한 함의. 부산대학교 대학원 박사학위 청구논문.

이민애(1999). 철학적 탐구공동체 활동이 유아의 사고능력에 미치는 영향. 경남대학교 교육대학원 석사학위 청구논문.

이보라(2007). 배려윤리 실천 프로그램 적용에 따른 효과 연구. 공주교육대학교 교육대학원 석사학위 청구논문.

이성미(2005). 어린이 철학교육 프로그램 적용이 도덕적 추론 능력 발달에 미치는 효과. 서울대학교 교육대학원 석사학위 청구논문.

이지애(2001). 배움공동체의 '지혜-사랑' 공동체로의 전환. 대동철학, 13, 97-116.

이춘재(1982). 아동의 공간조망능력의 발달에 관한 연구: 대상자극의 친숙성과 변별성의 효과. 한국심리학회 발달심리연구회(편), 삐아제 연구. 서울대학교출판부.

임경애(2003). 탐구공동체 프로그램이 초등학교 아동의 자아존중감과 친사회성에 미치는 효과. 한국교원대학교 대학원 석사학위 청구논문.

장기균(1981). 공자 학설의 현대적 의의. 화랑교우회 역(1981). 서울: 형설출판사.

정대련(1990). 한국 전래동화의 윤리학적 탐구. 이화여자대학교 대학원 박사학위 청구논문.

______(2004). 유아를 위한 철학교육-"생각?" "생각…" "생각!"- 어린이와 철학의 만남, 유아를 위한 철학교육. 2004 유아교육 학술대회, 30-63.

______(2007). 나는야 어린 철학자 8권. 사단법인 아이코리아.

정대련, 이춘희(2002). 레오 리오니의 그림책에 나타난 자아정체성 연구. 어린이문학교육연구, 3(2), 75-100.

____________(2006). 유아의 배려적 사고 연구-철학적 탐구공동체 활동을 중심으로-. 생활과학연구, 11, 107-125.

정순우(1998). 유교한말 유학교육에 나타나는 위정척사학파의(衛正斥邪學派) 개혁논리. 종교교육학연구, 7(1), 33-48.

정연경(2002). 아놀드 로벨의 아동 문학 작품에 나타난 배려적 사고. 동덕 여자대학교 대학원 석사학위 청구논문.

정옥분, 곽경화(2003). 배려지향적 도덕성과 정의지향적 도덕성. 서울: 집문당.

정한식(2001). 탐구공동체 활동이 따돌림 행동 감소에 미치는 효과: 재량 활동시간 운영을 중심으로. 한국교원대학교 대학원. 석사학위 청구논문.

조선희(2000a). '어린이를 위한 철학(P4C)' 프로그램을 통한 철학적 탐구 공동체 활동이 유아의 철학적 탐구에 미치는 영향. 미래유아교육학회지, 7(1), 23-45.

______(2000b). 철학적 탐구공동체 활동에 나타난 또래간 상호작용에 대한 연구. 유아교육연구, 20(1), 101-116.

조선희, 유연옥(1999). 철학적 탐구 공동체접근법, 유아 사고 교육의 이론과 실제. 서울: 창지사.

조선희, 전병남(1998). 유아의 비판적 사고를 촉진하는 질문에 대한 탐색적 연구-QFCT의 활용가능성에 대한 유치원 교사의 지각과 5세 유아의 직접적 반응을 중심으로-. 미래유아 교육학회지, 5(2), 249-270.

조용환(1995). 학교 구성원의 삶과 문화: 교사와 학생, 그들은 행복한가? 교육학 연구, 33(4), 77-91.

조현규(2006). 동양윤리의 담론. 서울: 새문사.

______(2007). '인(仁)'과 '배려(care)' 윤리의 현대 도덕교육에의 시사. 교육철학, 31, 135-153.

최효순(2005). 그림책을 통한 철학적 토론 활동이 유아의 조망수용능력에 미치는 영향. 한국교원대학교 대학원 석사학위 청구논문.

한상규(1990). 동양철학의 인성론과 교육. 교육철학, 8, 119-132.

황경식(2004). 어린이와 철학의 만남. 어린이와 철학의 만남 유아를 위한 철학교육. 2004 유아교육 학술대회, 1-27.

허경철(1990). 교사를 위한 사고교육 지침서. 서울: 한국교육개발원.

허미애(1999). 비판적 사고에 기초한 교사-유아의 언어적 상호작용이 유아의 창의성과 대인문제 해결사고에 미치는 영향. 중앙대학교 대학원 석사학위 청구논문.

* *Institute for the Advancement of Philosophy for Children(IAPC)*

(1974). *Harry Stottlemeier's Discovery. Lanham: University Press of America*

(1979). *Pilosophical Inquiry*

(1976). *Lisa*

(1977). *Ethical Inquiry*

(1978). *Suki*

(1980). *Writing: How and Why*

(1980). *Mark*

(1980). *Social Inquiry*

(1981). *Pixie*

(1982). *Looking for Meaning*

(1986). *Kio and Gus*

(1986). *Wondering at the World*

(1996). *Nous*

(1996). *Deciding What To Do*

(2000). *The Doll Hospital*

(2000). *Making sence of My world*

(2000). *Geraldo*

(2000). *Discovering our voice*

* IAPC(ed.). *Thinking: The Journal of Philosophy for Children*. Upper Montclair: Montclair State College.

Aristotele. *Nicomachean Ethics*, 최명관 역(1984). 니코마코스 윤리학, 서울: 서광사.

Auriac-Peyronnet, E., & Daniel, M-F. (2002). The Specifics of Philosophical Dialogue: A Case Study of Pupils Aged 11 and 12 years. *Thinking*, 16(1), 23-31.

Barry, K., King, L., & Naloney. (2001). Philosophy for Children and the Promotion of Student High Level Cognitive Talk in Small-Group Cooperative learning. *Critical & Creative thinking*, 9(1), 31-45.

Beaty, J. J. (1999). *Prosocial Guidance for the Preschool Child.* 이기숙 · 강숙현 옮김(2001). 유아를 위한 친사회적 행동 지도. 서울: 이화여자 대학교 출판부.

Bennett, M. (1998). *Overcoming the Golden Rule: Sympathy and Empathy. Ed. Milton Bennett, Basic Concepts of Intercultural Communication.* Yarmouth: Intercultural Press, Inc.

Blakey, E., & Spence, S. (1990). Developing metacognition. Eric. ED 327 218.

Blum, L. (1980). *Friendship, Altruism and Morality.* London: Routledge & Kegan Paul.

Bornstein, J. C. L. (2003). Toward an understanding of matthew Lipman' s Concept of Caring Thinking. *Thinking*, 16(3), 17-24.

Bredekamp, S., & Copple, C.(Eds.). (1997). *Developmentally appropriate practice for early childhood programs.(Rev. ed).* Washington. D.C.: NAEYC.

Brookfield, S. D. (1987). *Developing Critical Thinkers: Challenging adults to explore alternative ways of thinking and acting.* Jossey-Bass Publishers.

Burnes, B. (1981). Harry Stottlemeier' s Discovery-The Minnesota Experience. *Thinking*, 3(1), 8-11.

Brunt, J. (1996). *Caring Thinking: The new intelligence.* http://www.nexus.edu.au/teachstud/gat/brunt.htm.

Cam, P. (1995). *Thinking Together: Philosophical Inquiry for the*

Classroom. Sydney: Hale & Iremonger.

Chen, H. M. (1991). The role of stories in a community of inquiry. *Thinking: The Journal of Philosophy for Children*. 9(2), 5-8.

Chmielewska, I. (2003). Thinking. 생각. 이지원 역(2004). 서울: 논장.

Cinquino, D. (1981). Evaluation of a Philosophy program with 5th-and 6th-grade academically talented students. *Thinking*, 2(3&4), 79-83.

Clement, G. (1996). *Care, Autonomy, and Justice*. Colorado: Westview Press.

Costello, P. J. M. (2000). *Thinking skills and early education*. David Fulton Publishers.

Cummings, N. P. (1979). A Study of Philosophy as a Teaching Methodology in the Elementary School. *Thinking*, 1(3&4), 90-92.

Damon, W. (1988). *The moral child: Nurturing Children's Natural Moral Growth*. New York: Free Press.

Daniel, M-F., Lafortune, L., Pallascio, R., & Schleifer, M. (2002). The Development Dynamics of a Community of Philosophical Inquiry in an Elementary School Mathematics Classroom. *Thinking*, 15(1), 2-9.

Davis-Seaver, J. (1994). Critical thinking in young children. Doctoral Dissertation. University of North Carolina.

Day, R. W. C. (1997). Relations between moral reasoning, personality traits, and justice-decisions on hypothetical and real-life moral dilemmas. Doctoral Dissertation. Temple University.

Dewey, J. (1966). *Democracy and Education*. New York: The Free Press.

Einstein, G. O., & McDaniel, M. A. (1990). Encoding and recall of tests: The importance of material appropriate processing. *Journal of Memory and Language*, 19, 566-581.

Ennis, R. (1962). A concept of critical thinking. Harvard Educational Review, 32(1), 81-111.

________ (1987). A Taxonomy of Critical Thinking Dispositions and Abilities. J. B. Baron & R. J. Sternberg(Eds.), *Teaching thinking skills: theory and practice*(pp. 9-26), New York: W. H. Freeman.

Falkof, L., & Moss, J. (1984). When teacher' s tackle thinking skills. *Educational Leadership*, 42(3), 4-10.

Fields, J. I. (1995). Young children as emergent philosophers. *Early Child Development and Care*, 107, 57-59.

Fisher, R. (1997). Stories for thinking. Analytic Teaching, 18(1), 13-20.

________ (1998). *Teaching thinking: Philosophical inquiry in the classroom.* London: Cassell.

________ (1999). *First stories for thinking.* Oxford: Nash Polock Publishing.

Fisher, B., & Tronto, J. (1990). Toward a Feminist Theory of Caring, E. K. Abel & M. K. Nelson(Eds.), *Ciecles of care: Work and Identity in Women' s Lives*(pp. 35-62), New York: State University of New York Press.

Ford, M. R., & Lowery, C. R. (1986). Gender differences in moralreasoning: A comparison of the use of justice and care orientation. *Journal of Personality and Social Psychology*, 50(4), 777-783.

Friedman, W., Robinson, A., & Friedman, B. (1987). Sex differences in moral judgments? A test of Gilligan' s theory. *Psychology of Women' s Quarterly*, 11, 37-46.

Frank, M. (1980). Children in contemporary society, Theme: Moral education for young children. Eric. ED 188 777.

Freese, H. L. *Kinder sind Philosophen.* 이재영 역(1993). 아이들은 철학자다. 서울: 솔.

Gall, M. (1984). Synthesis of research on teacher' s questioning. *Educational Leadership*, 42(3), 40-49.

Garvey, C., & Hogan, R. (1973). Social speech and social interaction: Ego-centrism revised. *Child Development*, 44, 562-568.

Gilligan. C. (1982). *In a Different Voice.* Cambridge: Harvard University Press. 허란주 역(1997). 심리이론과 여성의 발달. 서울: 철학과 현실사.

Gilligan. C., & Attanucci, J. (1988). Two moral orientations: Gender differences and similarities. *Merrill-Palmer Quarterly*, 34(3), 223-237.

Goldstein, L. S. (1997). *Teaching with Love: A Feminist Approach To Early Childhood Education.* 염지숙 역(2001). 사랑으로 가르치기: 유아교육에 대한 페미니스트 접근. 서울: 창지사.

Graham, H. (1995). Caring: A Labour of Love. D. E. Bubeck(Ed.), *Care, Justice*(pp. 13-30), Oxford: Clarendon Press.

Haas, H. J. (1975). Philosophical Thinking in the Elementary Schools: An Evaluation of the Educational Program, Philosophy for Children. *Thinking,* 6(4). (1986): PHILOSOPHY FOR CHILDREN: WHERE WE ARE NOW....(pp. s6).

Heidegger, M. (1953). *SEIN UND ZEIT.* 존재와 시간. 이기상 역 (1998). 서울: 까치.

Henry C. Johnson, Jr. (1979). The Return to "Moral Education". *Thinking,* 1(1), 41-48.

Higa, W. R. (1980). Philosophy for Children in Hawaii: A Quantitative Evaluation. *Thinking,* 2(1), 21-31.

Hoffman, M. (1984). Empathy, It's Limitation, and Its Role in a Comprehensive Moral Theory, In W. M. Kurtines, & J. L. Gewirtz(Eds.), *Morality, Moral Behavior, and Moral Development* (pp. 283-302), New York.: Wiley.

IAPC. (1987). THE IAPC CURRICULUM. Philosophy for Children. (pp. s5-s14). *Thinking,* 7(1), s1-s24.

_____ (2007). https://cehs2.montclair.edu/store/customer/home. php? xid

Iorio, J., Weinstein, M., & Matin, J. (1984). A Review of District 24's Philosophy for Children Program. *Thinking,* 5(2), 28-35.

Jo, S., & Yu, Y. (1999). The effects of community of philosophical inquiry on Korean Preschooler's prosocial behavior. *Paper presented 9th Interational Conference of Philosophical inquiry with Children,* Brazil, July 4-9.

Johnston, D. K. (1985). Two moral orientations and two problem solving strategies: Adolescent's solutions to dilemmas in fables. Doctoral

Dissertation. Harvard school of university of education.

Karras, R. W. (1980). Final evaluation of the pilot program in philosophical reasoning in lexington elementary schools 1978–79. *Thinking,* 1, 26–32.

Kerka, S. (1992). Higher order thinking skills in vocational education. Eric. ED 350 487.

Kohn, A.(1991). *Caring kids: The role of the schools.* http: www.alfiekohn.org

Lipman, M. (1984). The cultivation of reasoning through philosophy. *Educational Leadership,* 42(1), 51–56.

__________ (1985). Thinking skills fostered by philosophy for children. In J. W. Segal, S. F. Chipman, & R. Glaser(Eds.), *Thinking and earning skills.* Vol 1: Relating Instruction to Research(pp. 83–108), Hillsdale, New Jersey: Lawrence Erlbaum Associates, Publishers.

__________ (1991). *Thinking in education.* New York: Cambridge University Press.

__________ (1995a). Caring as thinking. *Inquiry: Critical thinking across the disciplines,* 15(1), 1–13.

__________ (1995b). Moral education higher-order thinking and philosophy for children. *Early child Development and Care.* 107. 61–70.

__________ (1996). *Deciding What To Do.* IAPC. 한국철학교육아카데미 옮김(1999), 도덕적 판단 '니의 친구 보임이' 교사용 지도서. 한국철학교육 아카데미 출판부.

__________ (2003). *Thinking in education,* 2nd ed. New York: Cambridge University Press.

Lipman, M., & Sharp, A. M. (1986). 여훈근, 송준만, 황경식 역(1992). 세살 철학 여든까지. 서울: 정음사.

Lipman, M., Sharp, A. M., & Oscanyan, F. S. (1980). Philosophy in the classroom. 서울교육대학원철학 연구동문회 역(1986). 어린이를 위한 철학교육. 서울: 서광사.

Lobel, A. (1970). Frog and toad are friends. 엄혜숙 역(1996). 개구리와 두꺼비는 친구. 서울: 비룡소.

Lushyn, P. (2002). The Paradoxical Nature Of Ecofacilitation In The Community of Inquiry. *Thinking,* 16(1), 12-17.

Mackrill, V. (1995). Philosophy for children in Kinder and Prep. Critical & Creative Thinking, 3(2), 83-87.

Martin, J. R. (1985). *Reclaiming a conversation.* New Haven & London: Yale University Press.

__________ (1990). The contradiction of the educated woman. In J. Antler, & S. K. Biklen(Eds.), *Changing education*(pp. 13-31). New York: SUNY Press.

__________ (1992). *The Schoolhome: Rethinking Schools for Changing Families.* Cambridge, MA: Havard University Press.

Matthews, G. B. (1978). The child as natural philosopher. In M. Lipman, & A. M. Sharp(Eds.), *Growing up with philosoph.* (pp. 63-77). Temple University Press.

__________ (1980). *Philosophy and the Young Child.* 서울교육대학 철학연구 동문회 (편역)(1987). 어린이와 함께하는 철학. 서울: 서광사.

__________ (1994). *The Philosophy of Childhood.* Cambridge, MA: Havard University Press.

Mayeroff, M. (1971). *On Caring.* New York: Harper & Row.

McDonald, G. (2002). Earth, Air, Fire, Water, Youth, Age, and the County Where the Shadows Fall. *Thinking,* 16(2), 25-31.

McPeck, J. E. (1990). *Teaching Critical Thinking: Dialogue and Dialectic.* New York: Routledge.

Morrison, B. (1985). Caring teacher-pupil relationship: Feminist or phenomenological?. Eric. ED 390 860.

Murris, K. (1992). *Teaching philosophy with picture books.* London: Infonet Publications.

Navarro, A. M. V. (1998). Ethical Education Though Philosophical

Discussion. *Thinking,* 14(2), 23-26.

Nelson, L. (1980). The Socratic Method. *Thinking,* 2(2), 34-38.

Nickerson, R. S. (1984). Kinds of thinking thought in current programs. *Educational Leadership,* 42(1), 26-37.

Niklasson, J., Ohlsson, R., & Ringborg, M. (1994). Evaluating Philosophy for Children. *Thinking,* 12(4), 17-23.

Noddings, N. (1984). *Caring, A feminine approach to ethics & Moral education.* Berkeley: University of California Press.

____________ (1989). Educating for Moral People. M. M. Brabeck(Ed.), *Who Cares? Theory, Research, and Educations of the Ethics of Care*(pp. 216-232). New York: Praeger.

____________ (1992). *The challenge to care in schools: An alternative approach to education.* New York.: Teachers College Press.

____________ (2001 Winter). The Care Tradition: Beyond "Add Women and Stir". *Theory into practice.* 40(1), 29-34.

____________ (2002). *Educating moral people.* New York: Teachers College Press.

Palsson, H. (1996). We Think More Than Before About Others and Their Opinions(An Evaluation Report From ICELAND). *Thinking,* 12(4), 24-29.

Parker, R. (1981). Tending and Social Policy. G. S. Gohlberg, & S. Hatch(Eds.), *A New Look At the Personal Social Services*(pp. 17-34). Discussion Paper, No. 4. London: Policy Studies institute.

Passmore, J. (1972). On Teaching to be Critical. R. F. Dearden., P. H. Hirst, & R. S. Peters(Eds.), *Education and Development of Reason*(pp. 415-433). London: Routledge & Kegan Paul.

Paul, R. (1995). Ethics without indoctrination. In K. Willsen, & A. J. A. Binker(Eds.), *Critical thinking: How to prepare students for a rapidly changing world*(pp. 239-254). Foundation for Critical Thinking.

Paul, R., & Willsen, J. (1995). Accelerating change, the complexity of problems, and quality of our thinking. In J. Willsen, & A. J. A. Binker(Eds.) *Critical thinking: How to prepare students for a rapidly changing world*(pp. 1-16). Foundation for Critical Thinking.

Perrott, E. (1982). *Effective teaching*. New York: Longman Inc.

Piaget, J. & Inhelder, B. (1956). *The psychology of the child*. 성옥련 역 (1996). 서울: 탐구당.

Pratt, M. W., Golding, G., & Hunter, W. J. (1984). Does morality have a gender? Sex, sex role, and moral judgment relationships across the adult lifespan. *Merrill-Palmer Quarterly*, 30(4), 321-340.

Prillaman, A. R., Eaker D. J., & Kendrick D. M. (1994) *The Tapestry of Caring: Education as Nurturance*. New Jersey.: Ablex Publishing Corporation.

Pritcahard, M. S. (1993). On becoming a moral agent: From Aristotle to Harry Stottlemeier. In M. Lipman(Ed.), *Thinking children and education*(pp. 719-731), Kendall/Hunt Publishing Company. IAPC.

Reed, R. (1983). *Talking with children*. Denver: Arden Press. Inc.

Reed, R., & Henderson, A. (1981). Analytic Thinking for Children in Fort Worth Elementary Schools: Initial Evaluation Report Summer 1981. *Thinking*, 3(2), 27-30.

Resnick, L. B. (1987). Education and learning to think. Eric. ED 289 832.

Richardson, B. (1997). Teaching for Presence in the Democratic Classroom. *Thinking*, 13(1), 26-33.

Robinson, W. (1995). Why "Philosophy for children"? *Early Child Development and Care*, 107, 5-15.

Santi, M. (1993). Philosophizing and Learning to thinking: Some proposals for a Qualitative Evaluation, *Thinking*, 10(3), 16-22.

Saunders, K. W., & Meyerson, L. N. (1980). Logical Thinking and Multiple Classification in Kindergarten Students. *Thinking*, 2(2), 39-45.

Schleifer, M., & Courtemanche, L. (1996). The Effect of Philosophy for Children on Language Ability. *Thinking*, 12(4), 30-31.

Schleifer, M., Daniel, M-F., Peyronnet, E., & Lecomte, S. (2003). The Impact of Philosophical Discussions on Moral Autonomy, Judgment, Empathy and the Recognition of Emotion in Five Year Olds. *Thinking,* 16(4), 4-12.

Schleifer, M., & Poirier, G. (1996). The Effect of Philosophical Discussions in the Classroom on Respect for Others and non-Stereotypic Attitudes. *Thinking,* 12(4), 32-34.

Schwab, J. J. (1981). On Building a Community of Inquiry. *Thinking,* 3(1), 20-25.

Sergiovanni, T. J. (1994). *Building community in schools.* 주철안 옮김 (2004). 학교 공동체 만들기. 서울: 도서출판 에듀케어.

Sharp, A. M. (1987). What is a 'Community of Inquiry'? *Journal of Moral Education,* 16(1), 37-45.

__________ (1991). The community of Inquiry: Education for Democracy. *Thinking,* 9(2), 31-37.

__________ (1995). Philosophy for children and the development of ethical values. *Early Child Development and care,* 107, 45-55.

__________ (2000). *The Doll Hospital.* IAPC. ACER Press.

__________ (2004). The Other Dimension of Caring Thinking. *Critical & Creative thinking,* 12(1), 9-15.

__________ (2006). *Taking my Imagination Visiting in the Classroom Community of Inquiry*(pp. 1-7). 2006년 11월 29일 작성(미간행). 2006년 12월 6일 메일로 받음.

__________ (2006 미간행a). The *Community of Inquiry as Ritual Participation*(pp. 1-6). 2006년 10월 24일 메일로 받음.

__________ (2006 미간행b). Paper for Barry-Gifted Ed in England (pp. 1-12). 2006년 10월 24일 메일로 받음.

Sharp, A. M., & Splitter, L. J. (2000). *Making sense of My world.* TEACHER MANUAL FOR The Doll Hospital. ACER Press.

Shea, P. (2004). Offering a Frame to Put Experience In: Margaret Wise

Brown Presents Ideas as Opportunities to Very young Children. *Thinking*, 17(3), 30-37.

Shipman, V. C. (1982). Evaluation of the Philosophy for Children Program in Bethlehem, Pennsylvania. *Thinking*, 4(1), 37-40.

Skoe, E. E., & Diessner, R. (1994). Ethic of care, justice, identity, and gender: An extension and replication. *Merrill-Palmer Quarterly*, 40(2), 272-289.

Skoe, E. E., & Gooden, A. (1993). Care-based moral reasoning in male and female children. ED 358 948.

Sochting, I., Skoe, E. E., & Marcia, J. E. (1994). Care-oriented moral reasoning and prosocial behavior: A question of gender or sex role orientation. *Sex Roles*, 31, 131-147.

Splitter, L. J. (1991, September). Critical thinking, what, why, when and how. *Educational Philosophy and Theory*, 23(2), 89-109.

Splitter, L. J., & Sharp, A. M. (1995). *Teaching for better thinking: The Classroom community of inquiry*. Melbourne: Australian Council for Educational Research.

Sprod, T. (1997). Improving Scientific Reasoning through Philosophyfor Children: an Empirical Study. *Thinking*, 13(2), 11-16.

________ (2001). *Philosophical Discussion in Moral Education*. 박재주 · 김재식 · 박균열 역(2006). 윤리탐구공동체 교육론. 서울: 철학과 현실사.

Sternberg, R. J. (1985). Teaching Critical thinking Part I : Are We making critical mistakes. *Phi Delta Kappa*, 67, 194-198.

Strohecker, M. (1985). Results of the 1983-1984 Philosophy for Children Experiment in Lynbrook. *Thinking*. 5(2), 41-44.

UNESCO 21세기 세계교육위원회 편(1996). *Learning: The Treasure Within-Report to UNESCO of the International Commission on Education for the Twenty-first Century*. 김용주 · 김재웅 · 정두용 · 천세영 역(1997). 21세기 교육을 위한 새로운 관점과 전망. 서울: 오름.

Taylor, P. W. (1975). *Principles of Ethics*. 김영진 옮김(1985). 윤리학의 기본

원리. 서울: 서광사.

Thayer-Bacon, B. J. (1993). Caring and its relationship to thinking. *Educational Theory,* 43(3), 323–340.

________________ (2002). An Exploration of Myles Horyon's Caring Reasoning at Highlander Folk School. *Thinking,* 16(1), 32–41.

Thomas, J. C. (1997). Community of Inquiry and Differences of the Heart. *Thinking,* 13(1), 42–48.

Tong, R. (1993). *Feminine and Feminist Ethics.* California: Wadsworth Publishing Company.

Verducci, S. (2000). "Empathy and Morality", Philosophy of Education 1999, *Philosophy of Education Society,* 253–260.

Vincent, R. C. (2002). From Chaos to Community: Building a Caring Classroom Community. Doctoral Dissertation. University of South Carolina.

Vreeke, G. J. (1991). Gilligan on Justice and Care two interpretations, *Journal of moral education,* 20(1), 107–118.

Vygotsky, L. S. (1978). *Mind in society: The development of higher psychological precesses.* Cambridge, MA: Harvard University Press.

Walker, L. J. (1989). A longitudinal study of moral reasoning. *Child Development.* 60, 157–166.

Weinstein, M. L., & Martin J. F. (1982). Philosophy for Children and the Improvement of Thinking Skills in Queens, New York. *Thinking,* 4(2), 36–38.

Wilen, W. (1987). Effective questions and questioning: A classroom application. In W. W. Wilen(Ed.), *Questions, questioning techniques, and effective teaching*(pp.135–152), Washington, D.C.: National Education Association.

Wilks, S. (1995). *Critical & Creative thinking,* Strategies for classroom inquiry. Armadale: Eleanor Curtain Publishing.

Williams, L. J. (2003). Student Teachers' Thoughts and Behavior

Concerning the Development of a Caring Classroom Community. Doctoral Dissertation. University of Wisconsin-Madison.

Yeazell, M. I. (1981). A Report on the First Year of the Upshur County, West Virginia, Philosophy for Children Project. *Thinking*, 3(1), 12-14.

Yule, S., & Glaser, J. (1994). *Classroom Dialogue and the Teaching of Thinking*. University of Melboume.

부록 1

인형병원 제1장(에피소드 1)

나는 우리 모두 인형 하나쯤은 가지고 있다고 생각해. 나도 인형 하나를 가지고 있거든. 너도 가지고 있지?

어쩌면 인형이라고 부르지 않는 테디 베어 같은 장난감을 가지고 있을지도 몰라. 너는 여전히 그 테디 베어를 인형으로 취급할 거야. 그러니까 어쨌든 지금부터 그런 모든 장난감을 다 인형이라고 부르자, 알았지?

다음에 너도 인형을 가지고 오지 않을래? 그러면 우리 모두 함께 이야기할 수 있고 우리 모임의 수도 두 배로 늘어날 거야.

어떤 어른들은 인형을 가지고 있대. 너희들도 알고 있었니?

우리 아빠는 어렸을 때 가지고 있던 인형을 아직도 가지고 계셔. 엄마 말씀으로는 어떤 어른들은 인형을 모으기도 한대. 그러고는 인형을 유리 상자에 넣어둔다지 뭐야. 상상이나 했겠어!

나는 지금 4살인데 2년 전에 엄마가 나에게 인형을 하나 주셨어. 너는 내 인형이 몇 살이라고 생각해? 내가 점점 나이를 먹으면 내 인형도 같이 나이를 먹는 걸까?

얘들아, 너희들도 인형에 대해 한 번쯤 생각해 본 적이 있니? 인형이 무엇이라고 생각해? 나는 인형이 살아 있는 조그마한 아이와 같다는 생각해.

나는 내 인형에게 롤러라는 이름을 지어 주었어. 롤러가 나에게 처음 왔을 때에는 이름이 없었어. 내가 우리 엄마와 아빠로부터 태어났을 때 이름이 없었던 것처럼.

내 이름은 제스야. 나는 내 이름이 나에게 정말 잘 어울린다고 생각해!

롤러도 롤러에게 꼭 맞는 이름이야. 롤러는 둥근 얼굴과 머리를 가지고 있어. 머리카락은 없고 몸은 토실토실해. 나는 가끔 롤러를 '롤리-폴리'라 불러. 롤러는 마치 크고 두툼한 돌을 세 개 붙여서 만든 것 같은 모습을 하고 있어. 그러나 꼭 그렇지는 않아. 내가 살과 뼈로만 만들어진 것이 아니듯 롤러도 고무와 플라스틱 같은 재료로만 만들어진 것은 아니거든.

나는 내 인형이 어디서 왔는지 궁금했어. 그래서 어느 날 엄마에게 물어봤지. 엄마는 "너를 위하여 장난감 가게에서 사 왔지."라고 말씀해 주셨어.

"롤러가 장난감 가게에 오기 전에는 어디에 있었어요?"

"글쎄, 그 전에는 인형공장에 있었다고 생각하는데?"라고 엄마가 대답하셨어.

"그럼 인형공장에 있기 전에는요?"

"아마 롤러는 인형 만드는 사람의 생각 속에 있었을 거야."라고 엄마는 천천히 말씀하셨어.

얘들아, 어떤 것을 확실히 이해한다고 생각했는데, 나중에 전혀 이해하지 못하고 있었다는 걸 깨달아 본 적이 있니? 엄마가 인형 만드는 사람의 생각 속에 있었다고 말했던 날 나는 그런 생각이 들었단다.

부록 2

교사용 지침서의 예

LEADING IDEA 2: 서로를 사람으로 대하기

윌리엄 선생님이 말한 또 하나의 규칙은 서로를 항상 인격적으로 대한다는 것이다. 스테판이 무슨 뜻인지 묻자, 윌리엄 선생님은 "서로 존중하라는 거야."라고 말했다. 이 말을 해석하자면 '사람을 물건처럼 대해서는 안 된다.' 혹은 다른 철학자들이 말하는 것처럼 '사람은 다른 목적을 이루기 위한 수단이 아니라 그 자체를 목적으로 대하라'는 것이다. 사람은 쓰여지는 대상이 아니라는 말이다.

그럼 반대로 생각하면 어떻게 되는가? 사물들을 사람처럼 대하는 사람들에 대해서 무엇이라고 말할 것인가? 사람이 물건들에게 말을 걸고, 물건들을 믿고, 물건들을 사랑하고, 물건들을 마치 목적인양 대한다. 이건 적절한가? 이 질문은 사람이 아닌 자연현상에 대해서 생각할 때는 꽤 복잡해진다. 숲, 산, 호수, 바다, 이런 것들은 인간의 필요를 충족시키기 위한 도구라기보다는 그 자체의 목적으로 대해야 하는가? 자연을 인간이라고 말하든 말하지 않든, 자연을 존중한다는 것은 충분히 말할 수 있나.

사람과 사물 사이에는 또 다른 범주들이 있다. 인간의 사상이나 사고들을 표현하는 사물들이 있다. 예를 들어 책, 시, 그림 같은 것들이다. 이런 것들도 역시 존중되는 것인가? 그 자체로 목적인 것으로 대해져야 하는 것인가?

동물들은 어떠한가? 동물들은 고통과 기쁨을 경험한다는 면에서 사람과 같다. 슬픔과 행복도 느낀다. 우리는 동물을 그 자체가 목적인 존재로 존중해야 하는가? 만약 모든 동물들이 다 그런 것은 아니라면, 인간과 가장 유사한 동물은 어떤 것인가? 결국 어떤 동물들이 그렇단 말인가? 우리가 동물들을 죽이고 먹는다면, 우리가 동물들을 존중하는 게 가능한지를 물어보라.

결국, 어린이들은 자신들의 장난감, 특히 인형에 대해 이야기하고자 할 것이다. 우리는 인형을 어떻게 다루어야 할 것인가? 그 자체로 목적인 존재로 다루어야 할 것인가, 아니면 만들어지는 대로 쓰이는 대로 다뤄야 할 것인가?

어린이들은 사람과 사물의 차이에 대해 궁금해할 것이다. 특히 왜 사람에게 특별한 지위가 주어지는지를 물을 수 있다. 어린아이들은 자신들을 사람이라고 바라보는 과정에 있기에, 사람이란 무슨 의미인지를 생각해 볼 기회를 가지는 것이 적절하다.

어떤 어린이들은 사람이란 생각하고 느낄 수 있는 존재라고 할 것이다. 어떤 어린이들은 웃고 울 수 있는 존재라고 할 것이다. 또 다른 아이들은 언어야말로 사람을 구별짓는 특징이라고 할 것이다. 인간이란 자신의 행동과 사고에 책임을 갖고자 하는 존재이며, 인간만이 의식이 있을 뿐만 아니라 자의식적인 존재이다(즉, 인간은 스스로 의식이 있다는 것을 인식한다). 아니면 인간은 자신의 삶을 반추하고, 자신에 대해 질문을 던지는 존재라고 생각해 볼 수 있다. 이런 가능한 한 모든 특징들은 인간이 아닌 것은 어떤 것이 인간이 아닌지에 관한 질문을 야기한다. 인간이 아닌 것들, 예를 들어 동물, 컴퓨터 혹은 외계인들이 사람이 될 수 있는지에 관한 질문이 제기될 수 있다. 1장에서 제스는 인형이 사람일지도 모른다고 생각한다.

어떤 관점이 옳다고 하기 위해서는 특별한 절차에 의해서가 아니라 반대의 예나 예외가 없어야 한다. 어린이들에게 인간을 인간으로 만드는 조건이 무엇인지 이야기하도록 하라. 다음 연습문제는 이 질문에 대해 좀 더 깊게 생각해 보고 토론할 수 있도록 만들어진 것이다.

연습: 사람을 사물로 대하기

다음 각각의 행동이 사람을 사람으로 대하는 것인지, 사람을 사물로 대하는 것인지 물어보자.

	사람을 사람으로 대하기	사람을 사물로 대하기	?
1. 교실에 있는 친구에 대해 귓속말로 말하기			
2. 의사가 너에게 주사를 놓는다.			
3. 여자 친구가 너에게 자기 생각을 이야기한다.			
4. 남자아이가 여자아이를 때린다.			
5. 치과의사가 흔들리는 이를 뽑는다.			
6. 선생님이 너를 혼낸다.			
7. 네가 할머니를 째려본다.			
8. 친구를 슬프게 만든다.			
9. 엄마에게 거짓말을 한다.			
10. 아버지가 아기를 목욕시키는 걸 도와준다.			

연습: 사물을 사람으로 대하기

어린이들에게 다음에 대해 어떻게 생각하는지 물어보자.

1. 개에게 코트를 입혀준다.
2. 세발자전거를 사랑한다.
3. 인형에게 말을 한다.
4. 곰 인형이 바닥에 떨어지면 운다.
5. 제일 좋아하는 담요가 없으면 잠들 수 없다.
6. 가까이 사는 아저씨를 그렸다.
7. 의자 역할을 했다.
8. 애완 돌 없이는 지낼 수 없다.

9. 파티에 케이크가 없어서 떠나길 원했다.
10. 친구가 선물을 가지고 오지 않아서 가라고 말했다.

연습: 만약 네가……

어린이들에게 각각의 역할을 순서대로 돌아가면서 게임처럼 연기를 해보게 하자.

1. 만약 네가 커다란 트럭이라면, 어떻게 소리를 낼까?
2. 만약 네가 백년 된 다리라면, 기분이 어떨까?
3. 만약 네가 바다에 사는 물고기라면, 무엇을 할까?
4. 만약 네가 개미라면, 세상이 어떻게 보일까?
5. 만약 네가 컴퓨터라면, 무슨 생각을 할까?
6. 만약 네가 숲 속의 나무라면, 무엇을 볼까?
7. 만약 네가 인형이라면, 무엇을 가지고 싶을까?
8. 만약 네가 거울이라면, 무엇을 비출까?

활동: 역할놀이

두 명의 어린이들에게 다음의 역할놀이를 해보게 하자. 그리고 어린이들에게 이 사물들을 사람처럼 다루었는지를 물어보자.

1. 서로 사랑하는 나무 두 그루
2. 친구가 되고 싶어 하는 의자 두 개
3. 우유병을 발가락에 주려는 아기
4. (늘어진) 수양버들

부록 3

중심 주제별 토론계획 및 연습문제

1. 인형

a. 어떤 면에서 인형은 사람과 같을까?

— 인형은 목욕할 수 있을까?

— 인형은 말할 수 있을까?

— 인형은 행복하거나 슬플 수 있을까?

— 인형은 친구가 될 수 있을까?

— 인형은 생각할 수 있을까?

b. 인형과 사람이 다른 점은 무엇일까?

2. 좋은 사람

a. '좋은' 이란 단어의 의미는 무엇일까?

— 메리는 좋은 개다.

— 철수는 좋은 아이다.

— 엄마는 좋은 음식을 요리하신다.

— 나는 좋은 인형이 있다.

— 할머니는 매우 좋은 분이다.

— 어제는 좋은 날이었다.

b. 좋은 사람이란 어떤 사람일까?

3. 무엇을 해야 할지 알 수 없다

a. 다음과 같은 상황에서 여러분이라면 어떻게 해야 하는지 알고 있나요? 아니면 알 수가 없나요? 답을 말하고 왜 그렇게 생각하는지 이유를 말하세요.

– 친구가 다른 아이를 때렸어요. 선생님에게 말해야 하나요?
– 바닥에 돈이 떨어져 있어요. 그것을 주워서 집에 가져가야 하나요?
– 엄마와 아빠가 뭔가 심각하게 이야기하고 있어요. 끼어들어야 하나요?
– 아빠 친구가 아빠를 찾아왔어요. 아빠는 아침 내내 여러분하고 놀아주기로 했어요. 여러분이라면 아빠 친구한테 아빠가 집에 없다고 말할 건가요?
– 여러분은 친구 생일 파티에 가고 싶어요. 하지만 선물이 없어요. 파티에 가야 하나요?

4. 좋은 이유

a. 이유를 넣어 문장을 완성하라.
– 나는 아이스크림을 먹었다. 왜냐하면 ________.
– 나는 침대에서 일어났다. 왜냐하면 ________.
– 나는 주스를 마셨다. 왜냐하면 ________.
– 나는 아빠 주머니에서 돈을 꺼냈다. 왜냐하면 ________.
– 나는 내 남동생을 때렸다. 왜냐하면 ________.
– 나는 개미를 밟았다. 왜냐하면 ________.
– 나는 옷장 속에 숨었다. 왜냐하면 ________.

b. 다음은 좋은 이유인가, 나쁜 이유인가?
– 나는 여자아이를 발로 찼다. 왜냐하면 그 아이가 날 째려보았기 때문이다.
– 나는 선생님에게 꽃을 주려고 이웃집 꽃밭에서 꽃을 꺾었다.
– 나는 울었다. 할머니 선물이 맘에 들지 않았기 때문이다.
– 나는 비오는데 우비를 입지 않고 밖에 나갔다. 그냥 젖기를 원했기 때문이다.
– 나는 아이스크림 껍질을 길거리에 버렸다. 쓰레기통을 찾을 수가

없었기 때문이다.

c. 좋은 이유란 무엇일까?

5. 친구

a. 누가 친구가 될 수 있을까?

– 동물하고도 친구가 될 수 있을까? 그 이유는 무엇일까?

– 어린 동생과 친구가 될 수 있을까?

– 어른과도 친구가 될 수 있을까?

– 장난감이 친구가 될 수 있을까?

– 책이 친구가 될 수 있을까?

– 텔레비전이 친구가 될 수 있을까?

b. 다음에 친구를 의미하는 것이 나타나 있는가?

– 나는 영희와 함께 많이 논다.

– 나는 철수와 많은 이야기를 한다.

– 우리는 생각을 나눈다.

– 우리는 서로에게 진실하다.

– 우리는 장난감을 나눠가지며 논다.

– 순희는 내가 도움을 필요로 할 때 나를 돕는다.

– 영희는 항상 내게 친절하다.

– 나는 철수를 좋아한다.

c. 친구란 무엇일까?

– 친구가 되려면 어떻게 해야 할까?

– 나이가 달라도 친구가 될 수 있을까?

– 싸워도 친구가 될 수 있을까?

– 믿을 수 없어도 친구가 될 수 있을까?

– 내가 친구라고 생각하면 모두 다 내 친구가 될 수 있을까?

– 만약 친구가 한 명도 없다면?

– 친구란 무엇일까?

6. 존중

a. 서로를 사람으로 여긴다는 말은 무슨 의미일까?

b. 다음 행동은 사람을 사람으로 여기는 걸까, 아니면 사물로 여기는 걸까?

– 교실에 있는 친구에 대해 귓속말로 말한다.

– 남자아이가 여자아이를 때린다.

– 치과의사가 흔들린 이를 뽑는다.

– 선생님이 너를 혼낸다.

– 엄마에게 거짓말을 한다.

c. 존중해야 하는 것은 무엇일까?

– 책이나 그림도 존중해야 할까?

– 동물도 존중해야 할까?

– 나무도 존중해야 할까?

d. 존중이란 무엇일까?

7. 규칙

a. 만약 규칙을 어긴다면 무슨 일이 일어날까?

– 네가 빨간불이거나 '건너지 마시오'라고 할 때 거리를 가로질러 가면 무슨 일이 일어날까?

– 네가 허락 없이 친구의 인형을 가져가면 무슨 일이 일어날까?

– 네가 네 돈이 아닌 돈을 가져가면 무슨 일이 일어날까?

– 유치원에서 어느 누구의 말도 듣지 않는다면 무슨 일이 일어날까?

– 어떠한 규칙도 없이 게임을 하면 무슨 일이 일어날까?

b. 규칙이란 무엇일까?

8. 이기심

a. 우리는 무엇이나 나누어야 할까?

b. 다음은 이기적인가, 아닌가?

– 친구들과 장난감을 갖고 함께 놀고 싶지 않다.

– 카시트에 앉기 싫다.

– 여동생이 내 샌드위치를 먹는 게 싫다.

– 부모님의 허락 없이 누군가 집에 들어오게 하기 싫다.

– 아침을 먹고 싶지 않다.

– 제일 친한 친구에게 비밀을 말하지 않는다.

c. 이기심이란 무엇일까?

9. 행복

a. 행복이란 무엇일까?

b. 우리를 행복하게 만드는 것은 무엇일까?

– 친구와 재미있게 논다면, 행복할까?

– 친구가 집에 가도 여전히 행복할까?

– 재미있다는 것은, 행복하다는 걸 말하는 걸까?

– 재미가 없어도 행복할 수 있을까?

– 혼자서 행복할 수 있을까?

– 아주 오랫동안 너를 행복하게 만드는 무엇인가가 있을까?

– 주변에 있는 사람들이 모두 슬프다면, 혼자서 행복할 수 있을까?

10. 거짓말

a. 왜 우리는 진실을 말해야 할까?

b. 만약 모든 사람이 거짓말을 한다면?

– 만약 모든 사람이 거짓말을 한다면, 친구를 사귈 수 있을까?

– 만약 모든 사람이 거짓말을 한다면, 선생님이 있을 수 있을까?

– 만약 모든 사람이 거짓말을 한다면, 게임을 할 수 있을까?
– 만약 모든 사람이 거짓말을 한다면, 유치원에 갈 수 있을까?
– 만약 모든 사람이 거짓말을 한다면, 누구든 믿을 수 있을까?
– 만약 모든 사람이 거짓말을 한다면, 어떻게 진실을 말할 수 있을까?
– 만약 모든 사람이 거짓말을 한다면, 행복할 수 있을까?

11. 책임

a. 자신의 행동에 책임이 있을까?
– 만약 테이블에 우유를 쏟았다면, 뭔가를 잘못한 걸까? 우유를 쏟은 것에 책임을 져야 할까?
– 배고프다면 뭔가 잘못한 걸까? 배고픈 것에 대해 책임을 져야 할까?
– 거짓말을 했다면, 그건 잘못한 걸까? 거짓말을 한 것에 책임을 져야 할까?
– 다른 사람의 장난감을 물어 보지도 않고 가져갔다면, 잘못한 걸까? 장난감을 가져간 것에 책임을 져야 할까?
– 고양이를 다치게 했다면 잘못한 걸까? 고양이를 다치게 한 것에 책임을 져야 할까?
– 운동장에 종이를 던졌다면 잘못한 걸까? 어지럽힌 것에 책임을 져야 할까?
– 친구를 때렸다면 잘못한 걸까? 친구를 때린 것에 책임을 져야 할까?
– 다른 사람을 화나게 했다면 그건 잘못한 걸까? 다른 사람을 화나게 한 것에 책임을 져야 할까?

b. 책임이란 무엇일까?

12. 다른 사람 돕기

a. 우리가 어떻게 도울 수 있을까?

- 누군가 길에 넘어졌다. 어떻게 도울 수 있을까?
- 아파서 누워 계시는 엄마를 어떻게 도울 수 있을까?
- 그림을 못 그리는 친구를 어떻게 도울 수 있을까?
- 작은 새가 날개를 다쳤다. 어떻게 도울 수 있을까?
- 하루 종일 휠체어에 앉아 있어야만 한다. 어떻게 도울 수 있을까?
- 친구가 자신의 생각을 열심히 설명하고 있는데 다른 사람들이 이야기를 한다. 어떻게 도울 수 있을까?
- 우리 수업에서 누군가 말을 하지 않지만 어떤 것을 말하고 싶어 한다. 어떻게 도울 수 있을까?

b. 도움이란 무엇일까?

13. 귀여움, 보기 좋음 그리고 아름다움

a. 귀엽다는 말은 무슨 의미일까?

b. 아름답다는 말은 무슨 의미일까?

c. 다음은 귀여움, 보기 좋음, 아름다움 중 어느 예일까?

- 저녁이 차려진 식탁에 다같이 둘러앉아 있는 가족의 모습
- 장난감 상자에 들어 있는 장난감들
- 태어난 아이
- 할머니나 할아버지의 손과 얼굴
- 꽃 한 다발
- 거울에 보이는 너의 얼굴
- 매우 어울리게 잘 차려 입은 친구

14. 생일

- 생일은 무슨 의미일까?

– 생일 양초는 무엇을 의미할까?
– 생일에 원하는 것은 무엇일까?
– 생일에 선물을 받지 못한다면 생일이라고 할 수 있을까?
– 만일 네가 친구의 생일에 어떤 선물도 주지 않는다면 너의 생일에 선물을 받는 것이 괜찮을까?
– 내 생일에 제일 친한 친구에게 선물을 주는 것에 대해서 어떻게 생각하는가?
– 사람뿐 아니라 애완동물도 생일이 있을까?
– 세상에 있는 모든 것은 생일이 있을까?

15. 다른 사람 입장이 되어보기

a. 너는 이럴 때 기분이 어떨까?
– 장난감이 한 개도 없는 아이라면 기분이 어떨까?
– 우리말을 전혀 할 수 없다면 기분이 어떨까?
– 네가 너의 아버지라면 기분이 어떨까?
– 네가 일곱 아이들의 부모라면 기분이 어떨까?
– 네가 다른 나라에서 온 아이라면 기분이 어떨까?
– 네가 충분히 먹을 수 없는 다른 나라에서 살고 있는 아이라면 기분이 어떨까?

| 저 자 소 개 |

저자 이춘희(李春姬)는 숙명여자대학교 교육대학원에서 유아교육(석사)을 전공하고 동덕여자대학교 대학원에서 아동학(박사)을 전공하였다. 세계철학대회(World Congress of Philosophy)와 국내 학회에서 유아의 배려적 사고 교육에 대한 논문들을 발표하였다. KATPIS(한국 아카데미 철학교육 연구회) & IAPC(어린이 철학 증진 연구소)가 주최한 'Philosophy for Children: Enchancing Pedagogy' 에서 소정의 과정을 이수하였고, 오랫동안 유아들과 철학수업을 함께하고 있다. 지금도 동덕여대 부속 유치원에서 일주일에 한 번씩 유아들과 철학적 탐구공동체 활동을 하고 있다.

현재 동덕여자대학교 평생대학원 아동학 전공 주임교수로 재직하고 있다.

유아의 배려적 사고 교육

초판 1쇄 인쇄 2009년 8월 20일
초판 1쇄 발행 2009년 8월 25일

지은이 | 이춘희
펴낸이 | 김기섭
펴낸곳 | 창지사 www.changjisa.com
121-809 서울시 마포구 대흥동 161
전화 (02) 719-2211~3
팩스 (02) 701-9386
등　록 | 1977년 4월 28일 제1-421호

ISBN 978-89-426-0549-1 93370
Printed in Seoul, Korea

값 13,000원